DANIELE D'AUSILIO

IL CODICE DI ADWORDS

Come Arrivare Primo nel

Posizionamento su Google AdWords

Titolo

"IL CODICE DI ADWORDS"

Autore

Daniele D'Ausilio

Editore

Bruno Editore

Sito internet

www.brunoeditore.it

Sommario

Introduzione

Un Messaggio promozionale che ha come protagonista il noto Presentatore televisivo Gerry Scotti costa a un'Azienda ben 1 Milione di Euro! Per ogni passaggio di uno Spot di 30 Secondi sulle reti Rai e Mediaset bisogna sborsare decine di migliaia di Euro. Per la semplice realizzazione di un Messaggio Pubblicitario i costi possono raggiungere anche i 50.000 €!

LA PUBBLICITÀ soddisfa un bisogno che si può far risalire a quando gli uomini hanno cominciato a comprare e vendere. È un'arte che nel corso degli anni si è evoluta.

La pubblicità moderna cominciò ad affermarsi dopo la Seconda Guerra mondiale. Lo sviluppo industriale e il boom degli anni '50 continuarono negli anni '60. «*Le cose non sono mai andate così bene!*» disse Harold Macmillan, a quell'epoca primo ministro inglese. Le sue parole sembrarono avverarsi.

Il benessere comportò un maggior potere d'acquisto, quindi un incremento delle vendite, il che portò ad aumentare la produzione. Il cerchio della domanda e dell'offerta era completo e tutto ruotava attorno allo Strumento più importante: **la pubblicità**.

Oggi vendere è un'arte che si avvale della proliferazione delle carte di credito, della Televisione e di Internet!

Alcuni decenni fa veniva venduto spazio nei giornali e nelle riviste a clienti che lo utilizzavano semplicemente per segnalare il fatto che avevano un prodotto da vendere. Un esempio: «***Macchine fotografiche di Eastman Kodak***».

Cent’anni fa negli Stati Uniti la Kodak spendeva 350 dollari l’anno per la pubblicità su riviste! Ma ora ogni anno negli Stati Uniti si spende in pubblicità commerciale una somma superiore a questa *per persona.*

Gli Stati Uniti sono la patria indiscussa della pubblicità moderna. Sin dagli inizi, e ancora oggi, la maggioranza delle nazioni occidentali segue il modello americano e i paesi in via di sviluppo stanno facendo altrettanto. Le multinazionali fanno la loro parte man mano che estendono la loro sfera di influenza.

Non solo la pubblicità ha un grosso giro d’affari, ma è anche una potente industria; alcuni ritengono addirittura che sia una **scienza**. Ad ogni modo, diventa sempre più difficile sfruttarla se non si hanno grosse capacità d’Investimento, se non si è un’Azienda. Come hai potuto vedere, le Spese Pubblicitarie salgono sempre più, fino ad arrivare a costi incredibili. Inoltre, con la pubblicità tradizionale difficilmente hai la possibilità di capire che tipo di Beneficio hai ottenuto per la Vendita del tuo Prodotto.

Com'è possibile, quindi, sfruttare questa potente e persuasiva macchina commerciale, anche senza spendere Cifre Enormi? Si può Guadagnare, avviare un Business anche senza un Prodotto da Vendere? Come funziona? Se vuoi mettere un'inserzione nel giornale locale è abbastanza facile: basta telefonare alla sede del giornale. Ma è tutt'altra cosa far trasmettere un annuncio pubblicitario in televisione o farlo apparire su tutti i tabelloni pubblicitari del paese.

Per far questo bisogna avvalersi dei servizi di un'agenzia di pubblicità, con costi alti e Ritorni molto limitati, almeno inizialmente. Tuttavia, oggi esiste un Terzo Strumento Pubblicitario, ancora più Potente, ancora più mirato e con Altissimi Ritorni sul tuo Investimento, in quanto è molto economico e ha Riscontri Immediati. Sto parlando ovviamente della Pubblicità con **GOOGLE ADWORDS**, lo Strumento che ti permette di Creare Annunci su Google, il Motore di Ricerca (al momento) più famoso e Importante del Mondo.

Questo Manuale si soffermerà proprio su AdWords, perché ritengo sia il mezzo più Importante per promuovere il Proprio

Business, sia Online che Offline. Oggi Google AdWords può permetterti di guadagnare Denaro in maniera completamente automatica, di Vendere i tuoi Prodotti facendo conoscere il tuo Sito a una Vetrina di **MIGLIAIA** di Utenti ogni Mese, ma allo stesso tempo ti permette di Guadagnare anche se non hai un Sito Internet, addirittura se non hai un tuo Prodotto, nel caso lo utilizzassi per un'Affiliazione (cioè per vendere Prodotti di Altri dietro Commissione).

Il mio Lavoro, quello che faccio nella Vita, è non solo creare, ma anche vendere InfoProdotti di altri, vale a dire eBook (come questo che stai leggendo), Libri, Guide e Manuali sulla Crescita Professionale ed Economica e gran parte del mio Successo lo devo proprio a Google AdWords.

Nel mondo di Internet troppo spesso nei vari Siti, Blog e Forum sull'Argomento si punta un po' troppo forzatamente sulle forme di Promozione gratuite, in quanto il ragionamento che viene sostenuto è: «*AdWords è uno Strumento troppo difficile da capire appieno, non è mai al passo con gli Utenti, appena credi di aver capito come funziona, Google cambia il suo Regolamento e ti ritrovi a spendere cifre troppo alte senza risultati*».

Personalmente posso dirti invece che il mio Principale Strumento di Guadagno è proprio AdWords, dove raggiungo un **ROI** (*Return On Investment*, Ritorno sull'Investimento) superiore al 100% come Affiliato, vendendo quindi i Prodotti di altri, e anche del **200-300%** quando Vendo i MIEI InfoProdotti.

Ovviamente non ti sto dicendo questo per Vantarmi o, peggio ancora, per intimorirti. Voglio solo farti capire che tutto quello che troverai in questo eBook viene dalla mia diretta Esperienza, in quanto, avendo utilizzato questo Strumento per molti anni, ho avuto modo di imparare diverse Tecniche e Strategie Segrete per trarne il meglio.

Per aiutarti a ottenere questi Risultati, tutto quello che posso fare è mostrarti passo passo tutte le mie Tecniche, tutte le mie Strategie, quelle che io stesso utilizzo su AdWords per Guadagnare da **OGNI** Campagna che creo, in maniera

Automatizzata, stando **SEMPRE** in Prima Pagina e spendendo pochissimo.

Tutto quello che dovrai fare **TU,** invece, è seguire i Suggerimenti e le Formule che troverai nei minimi particolari, non saltare nessun passaggio e assicurarti di applicare tutto correttamente. Se farai come ti dico, riuscirai anche tu a ottenere risultati con AdWords veramente eccezionali! Detto così sembra facile, no? In realtà non è questo il Concetto che voglio trasmetterti, anzi, forse sai meglio di me che non sarà per niente facile (altrimenti non avresti avuto bisogno di questa Guida :)).

Il problema lo conosco bene, so già, infatti, che la maggioranza dei Lettori leggerà questo Manuale, lo troverà magari interessante, ma non lo metterà in pratica. In altre parole, molti non **AGIRANNO**, autoconvincendosi, poi, che le Informazioni contenute non funzionano.

Ma questo è ovvio: *come si può pretendere di ottenere risultati se non si lavora sodo, se non si mettono in pratica le Giuste Strategie?* Abbiamo appena detto che non è né facile né automatico. Se non lo è stato per me, sicuramente per te vale lo stesso.

SCOPRI IL CODICE DI ADWORDS PER BATTERE I TUOI CONCORRENTI!

Il titolo di questo eBook è ***Il Codice di AdWords***, ma in realtà la questione è molto più profonda. Da tempo ormai sono uscite Guide ed eBook che parlano in maniera approfondita di AdWords, anche in Italia. La prima autorevole Guida in questo campo è stata sicuramente *Fare Soldi Online con Google*, dove per la prima volta in assoluto veniva spiegata e rilevata la Formula Segreta per il posizionamento in AdWords.

In seguito sono usciti altri eBook e Manuali su questo Argomento, alcuni ispirati a Guide Americane, altri invece riprendevano per sommi casi quella appena menzionata, altri ancora hanno screditato questa Formula, indicando che non è veramente affidabile e non porta risultati certi, specificando poi altri Metodi per aumentare la propria Rilevanza su Google.

Questo nuovo eBook, quindi, si propone di divenire per tutti **la Guida Definitiva di Google AdWords in Italia**, specificando la Verità su tutte le Teorie e le Tecniche fino ad oggi adottate, ma soprattutto **implementandole con nuove Strategie** che nessuno ha mai rilevato, finalmente ancora più specifiche e performanti, allo scopo di aumentare maggiormente i tuoi Risultati e consentirti battere i tuoi Concorrenti. Analizzeremo inoltre le ultime Novità di Google in fatto di Posizionamento e di Regolamento per AdWords, in modo da lavorare nella giusta maniera, stando al passo con i tempi ed evitando inutili errori.

Quindi ricorda: non lasciare nel dimenticatoio quello che leggerai, ma datti da Fare, applicando con costanza tutti i Suggerimenti e le Tecniche Segrete che troverai! Da parte mia posso garantirti che se seguirai passo passo i Suggerimenti riportati, in brevissimo tempo sarai capace di creare una Campagna Pubblicitaria di **SUCCESSO** su Google AdWords, stando in Prima Pagina e pagando **MENO** degli altri.

Pensa, esistono delle Tecniche che ti permetteranno di poter creare un Annuncio che rimanga FISSO in Prima Pagina (1ª, 2ª,

3ª Posizione e così via, fino alla decima), altre ancora invece ti faranno trovare delle Parole Chiave che praticamente sono **SENZA CONCORRENZA**, quindi pagherai i tuoi Annunci pochissimi Centesimi e ti ritroverai al Primo Posto su Google, essendo **l'UNICO** presente per quella Parola. Interessante, vero? *Ti sembra incredibile quello che sto dicendo?*

Essendo un Autore di eBook, mi piace ovviamente anche documentarmi, leggere quello che c'è in giro su Internet, e spesso sono io per primo ad acquistare e leggere tantissime Guide. Sai cosa ho notato? Che molti, nelle Pagine di Vendita (i Siti Internet in cui vengono pubblicizzati i vari eBook) promettono cose eclatanti, addirittura poco fattibili; poi, nelle prime Pagine dell'eBook stesso, tendono a ridimensionare molto quello che hanno promesso, dicendo che dipende **TUTTO** da chi lo mette in Pratica.

Come hai visto, nel mio caso, invece, non ho assolutamente intenzione di fare questo. Ovviamente è giusto precisare che non posso svolgere in prima persona tutto il Lavoro per te, ma conosco bene il Valore delle Informazioni che sono contenute in questo eBook e so che, mettendole in pratica, non c'è ragione che tu non riesca ad ottenere i miei stessi risultati.

Sai da cosa deriva la mia sicurezza? Dal fatto che **IO PER PRIMO** sto riuscendo a raggiungere degli ottimi risultati usando queste Tecniche con AdWords, sia da Affiliato che da Venditore. In poche parole in questo Libro ho descritto tutte le Tecniche che conosco, quelle che io stesso utilizzo per il mio Lavoro di Promozione dei miei Prodotti e dei Prodotti di Altri.

In questo modo, seguendo questi consigli, tutto quello che io ho potuto raggiungere in termini Finanziari, potrai finalmente raggiungerlo anche tu. Non prendere per buono quello che ti sto dicendo solo perché sembra troppo bello per essere vero, ma fidati invece dei **RISULTATI** che ti mostrerò in queste Pagine e soprattutto di quelli che vedrai tu in Prima Persona, applicando queste Strategie Vincenti. Esse ti permetteranno in poco tempo di divenire un vero e proprio **ESPERTO DI GOOGLE ADWORDS**.

Ti stuzzica l'idea? Allora questo eBook fa davvero al caso tuo! Tuttavia questa Guida non serve solo per chi è già, in qualche maniera, esperto di AdWords e di Pubblicità Pay per Click. Sai qual è stato uno dei primi Obiettivi nello scrivere questo Manuale, ma anche una delle più grandi difficoltà?

Renderlo adatto a **TUTTI**, anche a chi non ha nessuna Base o Conoscenza di Marketing Online. Ho deciso, quindi, di dedicare la prima Parte di questo Libro alle funzionalità base di AdWords, per spiegare in cosa consiste e come funziona. Anche se reputi di conoscere già bene AdWords e magari riesci addirittura a guadagnare con esso, ti incoraggio comunque a leggere **TUTTO** l'eBook.

Anche perché il tuo Obiettivo, dal momento che hai deciso di acquistare questo Manuale, è certamente quello di imparare tutte le Tecniche relative ad AdWords, per cui potresti venire a conoscenza di alcuni aspetti o Strategie che magari non conoscevi. Se poi, leggendo, ti accorgerai di conoscere già tutto, in fondo sarà un ripasso interessante su AdWords, che di certo non ti farà male, anzi ti sarà sicuramente utile ;).

Infine, voglio soprattutto ringraziarti per aver preso la giusta decisione di acquistare questo eBook. Da oggi comincia la tua Missione verso il raggiungimento del tuo Obiettivo: Iniziare a Guadagnare con Google AdWords!

Buon Lavoro!

Daniele D'Ausilio

GIORNO 1:
Come Funziona AdWords

Qual è la prima cosa che ti viene in mente se ti dico: *AdWords*? Sicuramente la risposta sarà: ***Affiliazione***! Personalmente ho conosciuto le potenzialità di Internet proprio tramite il Marketing di Affiliazione; prima invece non riuscivo a capire l'utilità di inserire un Annuncio a pagamento su Google. Ok, ho sempre capito che per **GUADAGNARE** Soldi con AdWords era innanzitutto necessario trovare Clienti per **VENDERE** un determinato Prodotto.

Però credevo che per fare questo ci fosse bisogno di un Sito Internet che servisse proprio per Vendere e che fosse necessario Ottimizzarlo con tutte quelle Tecniche particolari che gli avrebbero consentito di entrare ai Primi Posti nei naturali risultati di Ricerca (il cosiddetto SEO o *Search Engine Optimization*, cioè quello Studio che permette l'ottimizzazione del proprio Sito per raggiungere questi risultati).

È così che iniziai a creare, dopo molto tempo e tanta fatica, il mio primo Sito Internet, tramite il quale vendevo in pratica la Merce che avevo nel mio Negozio su Strada: una piccola Gioielleria. Ovviamente non ti dico quanta fatica ho fatto per creare tutte le Schede dei Prodotti, le Fotografie e le Descrizioni; ma alla fine ce l'avevo fatta! A quel punto, però, dovevo ottimizzarlo e mettere tutto Online.

E vai con altro tempo passato per studiare e creare i giusti Meta-Tag, le Keywords (Parole Chiave), l'acquisto del giusto Dominio e il Nome stesso del Sito Internet. Dopo tutto questo, il mio Sito, la mia Gioielleria Online, era finalmente Attiva. Che soddisfazione!

Peccato, però, che le visite erano davvero scarse. Molto spesso cercavo su Google il nome del mio Sito per vedere in che posizione era arrivato. E dopo tanta fatica, mi accorgevo di essere solo in decima pagina per la parola "*Gioielleria Online*", senza contare che per le parole più importanti come "*Gioielli*", "*Anelli*", "*Diamanti*" e nomi di Marchi importanti che trattavo, non ero nemmeno visibile. Che frustrazione! Alla fine iniziai a vendere su eBay, almeno avevo più visibilità ;-).

Quando poi ho iniziato a interessarmi al Mercato Americano di InfoProdotti, ho scoperto che tantissime Persone riuscivano a guadagnare migliaia di Dollari al Mese semplicemente promovendo Prodotti di altri, quindi addirittura senza avere neanche un Sito Internet, sfruttando semplicemente la Pubblicità di Google. Questo sì che cambiava la Situazione!

Con un'Affiliazione non è necessario avere un Sito Internet, perché, in cambio di una Percentuale sulle Vendite, basta **INDIRIZZARE** le Persone al Sito del Produttore. Ma la cosa stupenda è che non è necessario nemmeno Studiare l'Ottimizzazione del Sito, che di solito richiede interi mesi di lavoro perché si possano ottenere risultati per **UNA** o **DUE** Parole Chiave. Con AdWords, invece, sei Online in 5 Minuti e per tutte le Parole Chiave che desideri, ottenendo comunque dei Visitatori mirati e già interessati al tuo Prodotto.

Le Affiliazioni esistono da anni, ma solo di recente hanno preso piede, catturando l'attenzione di Migliaia di Persone in Italia. Persone come te o come me, aspiranti Internet Marketer! È anche la tua aspirazione? Per quanto mi riguarda la risposta è sicuramente **SÌ** e sono sicuro che lo sia anche per te. L'obiettivo comune e ormai consolidato dalle opportunità che Internet ci offre, in fondo, è quello di riuscire a Guadagnare un Reddito alternativo e Indipendente dalla comodità di casa nostra.

L'obiettivo iniziale potrebbe anche essere quello di ottenere qualche entrata extra per pagare più facilmente le nostre Spese (Mutuo, Bollette, Rate e chi più ne ha più ne metta), per poi specializzarsi maggiormente, per fare in modo che divenga la nostra Attività principale, così da Guadagnare cifre molto più interessanti.

Il Marketing di Affiliazione su Internet è un lavoro sempre più in crescita in Italia, dato che molte persone lo intraprendono a tempo pieno. Molti di questi venditori stanno guadagnando migliaia di euro l'anno, pubblicizzando prodotti online per aziende che li pagano ogni volta che riescono a vendere.

SEGRETO n. 1: L'Affiliazione è il Metodo più attuabile per iniziare a Guadagnare un Reddito con Internet.

Anche se le Affiliazioni che si avvalgono di Internet sono nate in America, negli ultimi tempi il loro sviluppo in Italia è stato impressionante, anche grazie alle tante Aziende di Affiliazione che sono nate e ai molti Libri, eBook e Guide Pubblicate di recente sull'argomento. Forse hai già avuto modo di leggere il mio Report: *La Verità sulle Affiliazioni in Italia*, dove viene spiegato cosa sono in effetti le Affiliazioni e perché in Italia bisogna affidarsi a chi garantisce un Metodo di Lavoro adatto al nostro Paese.

Il concetto, comunque, non è diverso da quello di qualsiasi lavoro normale; in fondo, quando vai al lavoro non fai altro che far guadagnare soldi all'azienda per cui lavori, giusto? È esattamente la stessa cosa, ma con l'Affiliazione su Internet tu sei il capo di te stesso, ti scegli le tue ore e lavori quanto vuoi. Anche se forse, detto così, sa di "*troppo bello per essere vero*", la realtà è che questo tipo di Marketing non è diverso da quello tradizionale, ovviamente con alcune differenze.

In questo caso, infatti, il tuo ufficio diventa Internet e puoi fare qualsiasi cosa la tua mente ti suggerisca di fare per incrementare le Vendite! Le opportunità sono ovunquc c la somma di dcnaro che puoi guadagnare è infinita (più sei bravo a vendere i Prodotti, maggiori saranno i tuoi Guadagni).

A questo punto ti potresti porre la domanda: «*Ok, le Affiliazioni sono molto interessanti, ma cosa c'entrano con il discorso fatto prima, riguardo la Pubblicità e AdWords?*». Molto semplice: le Affiliazioni, in pratica, consistono proprio nel **PUBBLICIZZARE** quanto più è possibile (e soprattutto quanto **MEGLIO** è possibile) un prodotto o un servizio e l'affiliato è ricompensato economicamente per ogni vendita che riesce a generare tramite la sua Pubblicità.

Quando un visitatore clicca su un link di affiliazione presente sul tuo sito o attraverso il tuo annuncio e in seguito fa un acquisto dall'Azienda o dal Produttore (in inglese di solito viene chiamato *Merchant*, Commerciante) che tu stai pubblicizzando, tu ricevi una provvigione in base all'importo della vendita, una Percentuale sul Prezzo al Pubblico.

Questa Formula è spesso chiamata dagli Americani "win/win", in quanto è una situazione vincente sia per l'affiliato sia per il Venditore. Essa consente infatti all'affiliato di ottenere buone provvigioni dalla pubblicizzazione di un prodotto e all'azienda di avere potenzialmente migliaia di persone che promuovono i suoi prodotti, con la comodità di dover **pagare i suoi affiliati SOLO se realizzano una vendita.**

SEGRETO n. 2: Il Marketing di Affiliazione consiste nel Pubblicizzare il Sito del Merchant allo scopo di vendere i suoi Prodotti, quindi tutto si basa sulla Pubblicità.

Abbiamo già parlato del termine "affiliato" ma è importante fornire una definizione più precisa.

Nel mondo del marketing su Internet, tu sei l'affiliato, almeno finché non possiedi un prodotto da vendere. In questo caso passeresti dalla parte del ***Merchant***, il Venditore o Commerciante. Affiliati e Merchant hanno una relazione diretta ed è molto importante che questa relazione sia buona. Questo significa avere determinate Garanzie che ti mostrerò più avanti.

Il fatto che tu sia un affiliato, significa che tu sei legato a un'azienda, che stai lavorando per lei, anche se, forse, non hai un contratto scritto. Ovviamente sei libero di poter lavorare come affiliato per molte aziende contemporaneamente e promuovere diversi tipi di prodotti.

Da queste semplicissime Nozioni avrai capito che, in effetti, gli affiliati lavorano per i Merchant, dato che gli portano clienti. Quindi, se sei un affiliato di un'azienda e mandi un visitatore al sito web del Venditore, avrai diritto ad avere una Commissione per qualsiasi cosa il visitatore compri sul sito del commerciante. Quando un visitatore acquista qualcosa, il Merchant ti pagherà una provvigione, che di solito raggiunge il 20-30% del costo del prodotto. Quindi, in quanto affiliato, **il tuo lavoro è quello di indurre i vari navigatori di Internet a visitare il sito del commerciante**. Da questo puoi ricavare un Segreto fondamentale:

SEGRETO n. 3: Nell'Internet Marketing la figura più importante è proprio quella dell'Affiliato, in quanto spesso determina il Successo di un Prodotto e di un Venditore.

Sembra strano, vero? A prima vista si potrebbe pensare che giri tutto intorno al Prodotto vincente o alla capacità del Venditore nel creare un bel Sito Internet, che venda bene o che sia ben Strutturato.

Ma rifletti: ipotizza di essere tu il Venditore e di avere un prodotto che vuoi vendere online, magari hai scritto un Libro, un eBook e vuoi distribuirlo attraverso un tuo Sito Internet. Anche se tu fossi bravo nella creazione del Sito e nella Persuasione alla Vendita, potresti non avere la capacità di pubblicizzare **da solo** il tuo prodotto o potresti voler raggiungere un'audience molto più vasta. È una questione di Numeri.

Ti faccio un esempio raccontandoti una mia personale esperienza. Qualche anno fa ero il Titolare di una piccola Gioielleria; la maggior parte della Merce che vendevo consisteva in gioielli giovanili del tipo Acciaio/Oro, Murano e anche Monili in Swarovski realizzati da mia Madre.

Questi ultimi, specialmente, ebbero un discreto successo, perché non si trovavano in giro, erano molto originali e costavano poco, questo perché, essendo direttamente **NOI** i Produttori, avevamo un Margine di guadagno maggiore. Tra i tanti clienti di questi Gioielli, una volta venne in Negozio un Rappresentante che, innamoratosi del Prodotto, ci chiese l'opportunità di venderlo lui stesso ad altri Commercianti di altre zone in "Conto Visione".

Cosa significa? Significa un grosso vantaggio, in quanto io, come Produttore, ho avuto la possibilità, grazie a questo Rappresentante, di vendere **GROSSE** quantità di Merce a persone che altrimenti non sarei mai riuscito a raggiungere, in cambio di uno sconto (o percentuale) nei suoi confronti. Lui, d'altra parte, ha avuto la possibilità di vendere i miei Prodotti **SENZA** investire, perché la Merce, essendo in Conto Visione, veniva pagata **SOLO** al momento dell'effettiva vendita.

Questo ragionamento è valido anche per i Merchant su Internet: per aumentare le vendite e soddisfare le necessità di pubblicità, si associano con gli affiliati, che promuovono i prodotti per loro. In sostanza pagano ai loro affiliati una percentuale su quello che guadagnano da ogni vendita che li aiutano a concludere.

Molte aziende si affidano ai loro affiliati per fare affari e di conseguenza sono felici di pagarli per il loro lavoro di Pubblicità.

Quale forma di Pubblicità è più adatta per questo tipo di Lavoro? Il "pay-per-click" (paga per ogni click)! Dato che stai per diventare un affiliato, ti starai probabilmente chiedendo: «*Ho capito in cosa consiste l'Affiliazione, ma qual è il mio ruolo principale? Com'è possibile mandare dei navigatori sul sito di un Merchant e guadagnare una percentuale sulle vendite che riesco a concludere?*»

Ci sono diversi modi per aumentare le visite sul sito del commerciante, ma il sistema più veloce per ottenere risultati è quello di creare degli Annunci Pubblicitari a pagamento nei Motori di Ricerca. Quando infatti visiti, ad esempio, il sito www.google.it e imposti una ricerca, visualizzi, oltre ai risultati, una lista di riquadri sulla destra dello schermo. Questi riquadri sono chiamati **link sponsorizzati** e chi pubblicizza paga Google per avere lì i propri annunci.

Non c'è un costo prestabilito per inserire una pubblicità, dato che il prezzo dipende da quante persone cliccheranno sul tuo annuncio pubblicitario. In altre parole, quando un navigatore fa una ricerca e clicca su un Annuncio sponsorizzato, l'Inserzionista, colui che ha inserito l'Annuncio, paga una somma di Denaro. Quanto? Dipende da quanto è stata cercata la Parola Chiave che il navigatore ha digitato nel riquadro di ricerca di Google, ma anche da altri fattori di cui parleremo in questa guida.

Quindi, cosa hanno a che fare i link sponsorizzati con te che sei l'affiliato? In quanto affiliato, il tuo compito è quello di condurre le persone a visitare il sito del Merchant. Fare Pubblicità su Google, il Motore di Ricerca più Importante al mondo, è sicuramente un buon modo per fare questo.

Entrare nel mondo della pubblicità Pay-per-Click (PPC) è semplicissimo e veloce: ti registri con Google AdWords (il network pubblicitario) e crei annunci che saranno mostrati nei risultati di ricerca su Google. **Pagherai a Google SOLO quando qualcuno clicca** sul tuo annuncio. Ecco perché questo tipo di pubblicità è detta Pay-per-Click.

SEGRETO n. 4: In quanto Affiliato, il tuo ruolo è quello di mandare le persone al sito del Venditore, dove otterrai delle provvigioni su ogni vendita che gli consentirai di concludere.

Probabilmente sei già pratico di AdWords, ma è meglio spiegare nei dettagli il suo funzionamento, sia per puntualizzare alcuni concetti, sia per venire incontro a coloro che stanno leggendo questa guida e che non sono così esperti di Google AdWords.

Google AdWords è ad oggi la principale forma di pubblicità su Internet. Se non sei pratico di AdWords ti consiglio di leggere con la massima attenzione. Tutti probabilmente avranno usato almeno una volta il Sito di **Google** per fare qualche ricerca, mentre molte persone fanno diverse ricerche al giorno. Personalmente lo uso addirittura come Pagina Iniziale per quando mi connetto a Internet, quindi praticamente sempre.

Come funziona? Vai su www.google.it e digiti una parola o una frase che stai cercando. Dopo aver cliccato su «**Cerca**», ti saranno forniti un gran numero di link a siti che Google pensa possano essere rilevanti per la tua ricerca. Sicuramente hai notato che ci sono i normali Risultati di Ricerca. Ma sai cosa sono i link sulla destra dello schermo? Hai mai fatto caso agli annunci che vengono chiamati "link sponsorizzati"? Questi annunci sono stati scritti da venditori che hanno pagato per metterli nei risultati di Google.

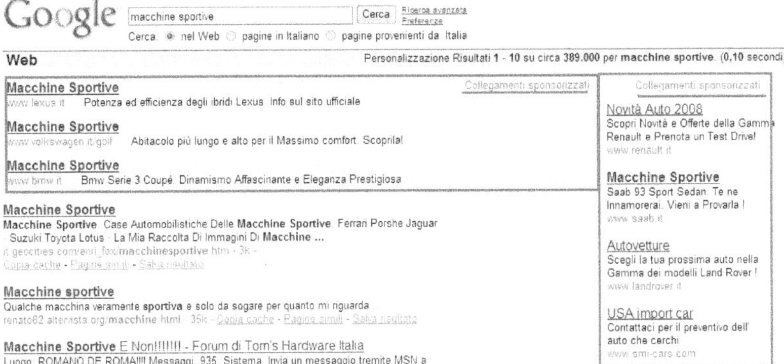

Vedi l'esempio? Addirittura, in molte occasioni, i Link Sponsorizzati prendono il sopravvento su quelli tradizionali, apparendo nelle prime 3 Posizioni **ANCHE** a Sinistra (sono Link Sponsorizzati tutti quelli cerchiati in Rosso in questo esempio). In questo caso, quindi, gli Inserzionisti che vendono o promuovono "Macchine Sportive" hanno inserito in Google i loro Annunci a pagamento, allo scopo di farsi trovare dalle Persone che stanno cercando proprio questo tipo di Articolo.

Tutto chiaro. Ma il punto qual è? Perché **TU** dovresti fare Pubblicità su Google? Perché con Google AdWords puoi raggiungere le persone che stanno cercando informazioni online circa i prodotti e i servizi che vendi e mandare i visitatori direttamente al Prodotto che stai offrendo.

Con il Sistema di Pagamento *cost-per-click* (CPC, pagamento per ogni singolo Click) di AdWords è facile controllare i costi e **paghi solo quando le persone cliccano sul tuo annuncio, NON quando lo visualizzano**.

Ecco perché ti consiglio di fare Pubblicità attraverso questo sistema di promozione. In realtà, se vogliamo, la definizione che ho appena dato è inesatta, perché con AdWords non raggiungi i Clienti, ma sono **LORO CHE VENGONO DA TE** quando ti fai trovare attraverso un Annuncio. AdWords è oggi lo Strumento più importante per quanto riguarda la Pubblicità Online, perché non si limita a darti visibilità, ma offre visite utili al tuo sito e ti permette di aumentare le tue Vendite, grazie alle tecniche di cui parleremo in questa guida. Se userai queste Strategie, potrai spendere meno soldi, avere più visite e incrementare l'utile sugli investimenti. Sarai in grado di sconfiggere la concorrenza e di ottenere un Reddito da Internet.

Quando iniziai a vendere i miei InfoProdotti (Guide come queste, eBook e Manuali Online) non conoscevo l'utilità di AdWords. Promuovevo tutto attraverso il mio Sito Internet, cercando di ottimizzarlo al massimo sui Motori di Ricerca. Purtroppo, però, i risultati non erano certo incoraggianti. Pochissime Visite e altrettanto poveri Incassi.

Poi ho avuto modo di conoscere AdWords e il mio Business ha avuto un cambiamento a dir poco radicale: in pochi Minuti il mio Annuncio era sulle Ricerche di Google, il mio Sito, in pochissimo tempo, ha avuto quella Visibilità che in tanti Mesi avevo solo sognato di poter avere!

Fantastico, non trovi? Per questo insisto sul fatto che devi prima conoscere AdWords se vuoi iniziare a Fare Soldi Online.

Tuttavia, la sola esistenza di AdWords non basta per garantire risultati. Sono tanti gli Inserzionisti che usano AdWords, ma sono ben pochi quelli che riescono a rimanere Online nel corso del Tempo, ancor meno quelli che riescono a rimanere nei primi posti.

Il resto di questa guida si focalizzerà sull'impostazione del tuo account di Google AdWords, che ti consentirà di ottimizzare i profitti pubblicitari e ti metterà in condizione di poter applicare queste tecniche in ogni settore, vendendo vari tipi di prodotto.

Ti indicherò tecniche specifiche su come iniziare se non hai esperienza. Con ***Il Codice di AdWords*** ti fornirò indicazioni che ti raccomando di seguire nei dettagli. Nel caso tu fossi un principiante, ti basterà scorrere l'intera Guida e, nel tempo che avrai impiegato per leggerla tutta, avrai già avviato con successo la tua prima campagna pubblicitaria, raggiungendo il Potenziale ideale che ti consentirà di iniziare a Guadagnare Denaro Online!

Durante la lettura imparerai come impostare correttamente tutto il necessario, in modo da poterti avvantaggiare del potere di

AdWords. Anche se sei solo all'inizio, **se metti in atto queste tecniche sarai già in grado di sconfiggere la concorrenza**! Proprio così, so che ti sembrerà assurdo, ma la realtà è che la stragrande maggioranza degli Inserzionisti di AdWords ha ben poca esperienza dei Trucchi e Segreti necessari per sfruttare al 100% questo potente Network Pubblicitario. Conoscendo il **Codice** tu potrai riuscirci e potrai facilmente superare tutti gli altri.

SEGRETO n. 5: Google AdWords è il più potente Network per la pubblicità su Internet. Impara ad usarlo in modo appropriato e otterrai un grande successo.

Impostare un account di AdWords nel modo corretto

Ok, prima di procedere, per avere un account di AdWords hai bisogno di registrarti. Per fare questo vai su **http://adwords.google.it/**. In cima alla pagina vedrai un bottone con scritto «**INIZIA ORA**».

Cliccando su «Inizia ora» ti apparirà una schermata dove avrai bisogno di «*scegliere la soluzione più adatta alle tue esigenze*». Hai a disposizione due Versioni: la "**Versione Principianti**" e la "**Versione Standard**". Studiando il Codice Segreto di AdWords userai tutte le funzioni che sono offerte nell'edizione standard, quindi scegli questa versione come tipo di account.

SEGRETO n. 6: Scegli direttamente la Versione Standard durante la fase di Registrazione.

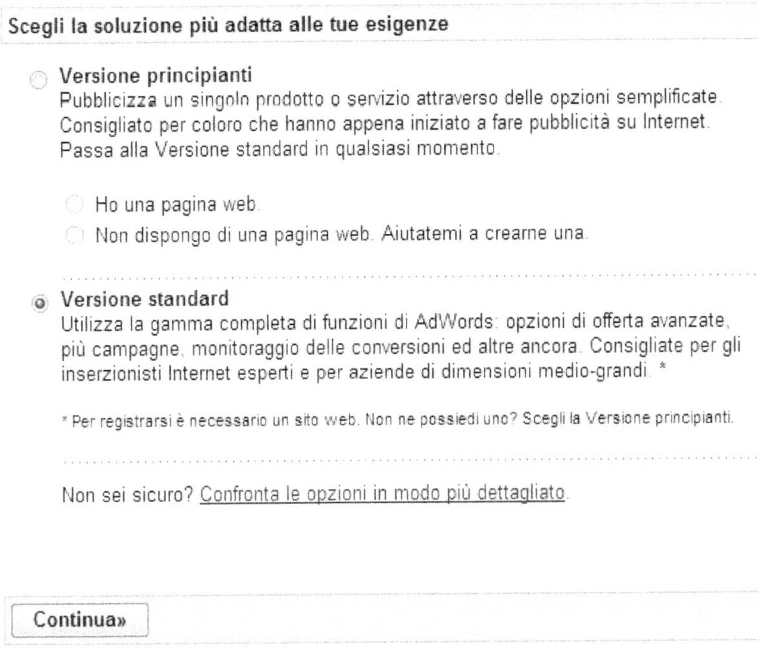

Scegli la soluzione più adatta alle tue esigenze

Versione principianti
Pubblicizza un singolo prodotto o servizio attraverso delle opzioni semplificate. Consigliato per coloro che hanno appena iniziato a fare pubblicità su Internet. Passa alla Versione standard in qualsiasi momento.

Ho una pagina web.
Non dispongo di una pagina web. Aiutatemi a crearne una.

Versione standard
Utilizza la gamma completa di funzioni di AdWords: opzioni di offerta avanzate, più campagne, monitoraggio delle conversioni ed altre ancora. Consigliate per gli inserzionisti Internet esperti e per aziende di dimensioni medio-grandi. *

* Per registrarsi è necessario un sito web. Non ne possiedi uno? Scegli la Versione principianti.

Non sei sicuro? Confronta le opzioni in modo più dettagliato.

Continua»

Dopo aver fatto questa scelta, ti sarà richiesto di scegliere una lingua. A partire da questo punto potresti confonderti, perché in realtà quando crei un account di AdWords dovresti pubblicare il tuo primo annuncio, ma molte persone non hanno ancora idea di cosa vogliano pubblicizzare. **Quindi, cosa dovresti fare?** Semplice: creare una campagna simulata con l'intenzione di cancellarla una volta che avrai terminato la Procedura di registrazione.

Una volta che hai scelto la lingua, devi decidere dove vuoi che venga mostrato il tuo annuncio. Dato che stiamo impostando una campagna simulata, non c'è bisogno che i tuoi annunci mirino a un target ben definito, puoi semplicemente lasciare tutto su «**ITALIA**». Quando ti viene chiesto di «**selezionare i clienti in base alla località**», scegli «**Italiano**».

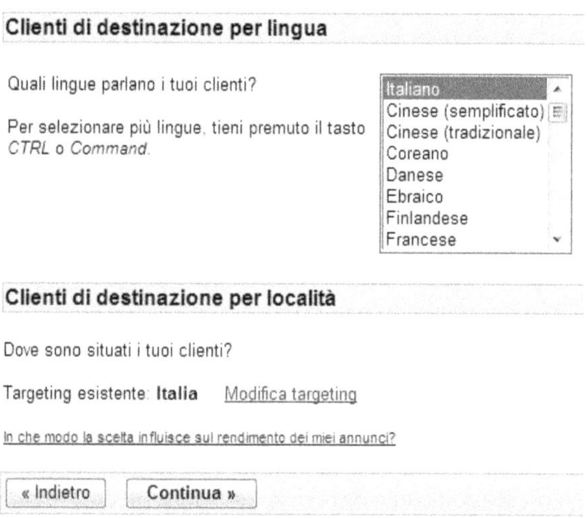

A questo punto sei pronto per creare il tuo primo annuncio. Ricordati che stai realizzando questa campagna con l'intenzione di cancellarla poco dopo; quindi inserisci i seguenti dati:

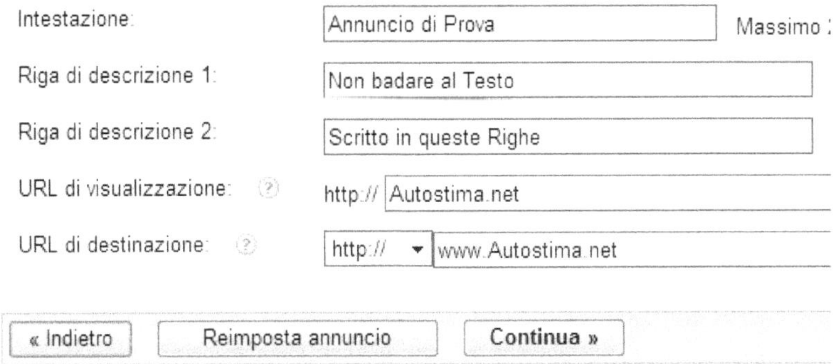

Qui puoi semplicemente inserire alcune Righe a caso, dato che stai creando questo annuncio solo per impostare con successo il tuo account di AdWords. Questo annuncio sarà cancellato più avanti, quindi non importa che cosa inserisci in questi campi.

Come avrai capito, tengo molto, prima di ogni altra cosa, alla corretta Impostazione dell'Account AdWords. A questo punto potresti non avere un prodotto da promuovere, oppure non sapere quali parole chiave utilizzare per pubblicizzare il prodotto, ma non importa. Per il momento hai bisogno soltanto di avere un account di AdWords pronto per quando avrai tutto l'occorrente e vorrai iniziare a pubblicare gli annunci.

Ora ti sarà richiesto di inserire alcune parole chiave. Non importa se per ora non riesci a capire di cosa stiamo parlando, puoi inserire qualsiasi Termine tu voglia. Puoi usare la parola chiave «Codice AdWords», se non sai cosa inserire.

Quanto ti verrà chiesto di scegliere una valuta, è importante che tu scelga la valuta con cui vorrai pagare per la tua pubblicità. Mi raccomando di selezionare **EURO €,** in modo tale da poter calcolare con facilità le tue spese pubblicitarie.

Quando ti verrà chiesto «**qual è l'importo massimo che sei disposto a spendere, in media, per giorno?**» Semplicemente inserisci 1 €. Subito dopo ti verrà chiesto «**qual è il massimo che sei disposto a pagare ogni volta che un utente fa click sul tuo annuncio?**» Puoi specificare 0,05 € o la minima offerta che Google ti permette di inserire.

Ti sarà chiesto di rivedere il tuo annuncio, scegliere se vuoi ricevere informazioni da Google e di specificare dove hai sentito parlare di Google AdWords. Clicca su «**Continua registrazione**».

Ora ti si presenterà una scelta: se sei già un Utente registrato su Google, puoi usare i tuoi dati esistenti per creare il tuo account di AdWords; se non hai un account di Google, devi registrarti per averne uno, scegliendo «**NON utilizzo questi altri Servizi**». Inserisci la tua eMail, la tua password, il Codice visualizzato e continua. Ti verrà inviata una conferma via mail all'indirizzo da te specificato, che include le istruzioni su come entrare nel tuo nuovo account di AdWords.

◉ *Non* utilizzo questi altri servizi.

Crea un nuovo account Google da utilizzare con AdWords.
Si assicuri che l'indirizzo email sia corretto. È necessario ricevere un

Email: mionome@esempio.com
ad es. myname@example.com. Esso verrà account.

Password: ••••••••
Minimo 8 caratteri di lunghezza. [?]

Reinserisci la password: ••••••••

Complimenti! Ora sei davvero a un passo dalla tua prima **VERA** campagna pubblicitaria. Nel prossimo Capitolo conoscerai le tecniche avanzate che potrai usare per creare campagne con AdWords che ti permetteranno di sfidare la concorrenza, aumentare le visite e migliorare i tuoi Guadagni.

SEGRETO n. 7: Impostare il tuo account su Google AdWords potrebbe confonderti se non sei pratico e non sai cosa promuovere, ma se segui in modo preciso i passi per la Registrazione qui esposti, sei sulla buona Strada per Guadagnare Online!

RIEPILOGO DEL CAPITOLO 1:

- SEGRETO n. 1: L'Affiliazione è il Metodo più attuabile per iniziare a Guadagnare un Reddito con Internet.
- SEGRETO n. 2: Il Marketing di Affiliazione consiste nel Pubblicizzare il Sito del Merchant allo scopo di vendere i suoi Prodotti, quindi tutto si basa sulla Pubblicità.
- SEGRETO n. 3: Nell'Internet Marketing la figura più importante è proprio quella dell'Affiliato, in quanto spesso determina il Successo di Prodotto e di un Venditore.
- SEGRETO n. 4: In quanto affiliato, il tuo ruolo è quello di mandare le persone al sito del Venditore, dove otterrai delle provvigioni su ogni vendita che gli consentirai di concludere.
- SEGRETO n. 5: Google AdWords è il più potente Network per la pubblicità su Internet. Impara ad usarlo in modo appropriato e otterrai un grande successo.
- SEGRETO n. 6: Scegli direttamente la Versione Standard durante la fase di Registrazione.
- SEGRETO n. 7: Impostare il tuo account su Google AdWords può confonderti se non sei pratico e non sai cosa promuovere, ma se segui in modo preciso i passi per la Registrazione qui esposti, sei sulla buona Strada per Guadagnare Online!

GIORNO 2:
Sfruttare AdWords per le Affiliazioni

Uno dei Segreti di Google AdWords è che devi usarlo con un Programma di Affiliazione.

Fino a quando non avrai assimilato bene questo concetto, ti sarà difficile capire appieno la potenzialità di AdWords. Un po' come è accaduto nel mio caso (te ne ho parlato in precedenza), ostinarsi in un lungo e faticoso lavoro di Ottimizzazione, quando poi il tuo Obiettivo è quello vendere il più velocemente possibile e la maggior quantità possibile, è un controsenso. È come se tu creassi un tuo Prodotto da Vendere, avessi la possibilità di affidarti alla più importante Agenzia Pubblicitaria, ma ti intestardissi a voler vendere in maniera autonoma.

Alla fine spendi di più in termini di mancato guadagno. Invece, investire in Pubblicità mirata può portare davvero guadagni importanti. A patto, però, di avere i giusti Prodotti da Vendere. Se non è il tuo caso, allora è bene prendere in considerazione l'opportunità di Vendere in Affiliazione.

L'unica nota stonata in questo ragionamento è che i programmi di affiliazione in Italia sono più o meno tutti uguali, poco consoni a importanti guadagni se si utilizza solo AdWords. Non vado a fondo in questo problema, anche perché l'ho preso in esame in maniera abbastanza approfondita nel Report Gratuito *La Verità Sulle Affiliazioni in Italia*.

Di solito, comunque, i programmi di affiliazione sono usati dai commercianti per gestire i loro affari, le provvigioni e i pagamenti. Nonostante l'aspetto e le funzioni dei programmi varino a seconda dell'Affiliazione, l'idea di base rimane la stessa: quando ti unisci a un programma di affiliazione, il tuo compito primario è quello di mandare visite al sito del Merchant (commerciante, produttore) e di essere pagato per ogni vendita che aiuti a realizzare.

Un'altra pecca che è specificata nel Report, è che trovare un Programma di Affiliazione affidabile non è facile (se è gestito da un Privato devi andare un po' a fiducia) e nel migliore dei casi avrai a disposizione pochissimi Prodotti da vendere, soprattutto nel caso tu sia intenzionato a promuovere Oggetti Digitali o InfoProdotti (come gli eBook).

Non è un caso che io torni sull'argomento InfoProdotti, perché ritengo che questi rappresentino il mezzo migliore per poter guadagnare da un'Affiliazione. Prima di tutto perché puoi effettuare un numero illimitato di Vendite; se vendi Prodotti di Abbigliamento sei comunque limitato dal numero di Pezzi presenti in Magazzino e devi controllare di continuo se il Prodotto è esaurito; qui, invece, non solo non hai questo tipo di preoccupazione, ma hai un potenziale davvero infinito.

Altro aspetto importante è che gli InfoProdotti hanno margini di guadagno per gli Affiliati ben più alti (parliamo di solito del 30%, rispetto al 5-10% dei Prodotti tradizionali).

SEGRETO n. 8: Per iniziare un serio Business su AdWords è necessario un buon Programma di Affiliazione che ti permetta di promuovere InfoProdotti!

Se non hai un sito o non ne vuoi costruire uno che sia specifico per un prodotto (il classico MiniSito), puoi unirti a un "Network di affiliazione" come quello della Bruno Editore.

Programmi di Affiliazione ce ne sono diversi, ma essendo un vero e proprio **NETWORK**, Bruno Editore si distingue da tutti gli altri ed è quello che indubbiamente permette maggiori ricavi. Questo perché non ti fornisce un solo prodotto da vendere (come accade per la maggioranza dei Commercianti di InfoProdotti), ma decine e decine di eBook che puoi pubblicizzare su AdWords, inoltre vengono trattate diverse Tematiche.

La differenza tra i programmi di affiliazione "indipendenti" e Bruno Editore consiste nel fatto che le tue provvigioni ti verranno pagate **DIRETTAMENTE DALL'AZIENDA** (Bruno Editore) e **NON dai singoli Autori di questi eBook**. Inoltre essa cura al 100% tutte le Transazioni e gli aspetti fiscali.

Facciamo un esempio: ipotizziamo che tu ti iscriva al Programma di Affiliazione di Bruno Editore e che decida di promuovere questo eBook scritto da me. Scrivi il tuo Annuncio su Google AdWords con le Strategie riportate in questa Guida e dopo qualche tempo effettui le tue Vendite guadagnando il 30%. Questo guadagno non sarà pagato da me, nonostante l'eBook sia mio, ma sarà direttamente Bruno Editore a inviarti i pagamenti, a emettere tutte le Fatture e a pagare le Tasse. Non è un metodo di guadagno interessante?

Inoltre tieni presente che Bruno Editore è un Portale di Affiliazione pensato per il Mercato Italiano, quindi riesce ad aggirare tranquillamente quei problemi cui accennavo prima e che sono riportati in modo approfondita nel Report.

In questa maniera non hai bisogno di un sito web e di vagare su Internet alla ricerca di prodotti che abbiano programmi di affiliazione. L'Affiliazione di Bruno Editore ti mette a disposizione un intero Catalogo Prodotti pieno di eBook, Videocorsi, Libri e Servizi da promuovere e vendere in quantità illimitata.

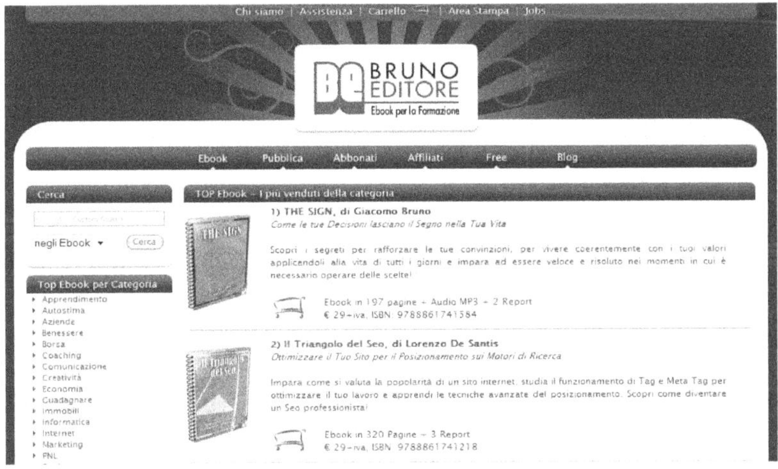

Per trovare il Prodotto giusto da Promuovere, scoprire quelli hanno una maggiore conversione e le Strategie segrete per incrementare le Vendite con questa Affiliazione, ti consiglio di leggere il Capitolo precedente di questa Collana: *Il Codice*

dell'Affiliazione, dove troverai tutto il necessario in termini di Tecniche e Strategie per poter lavorare con questa Affiliazione.

SEGRETO n. 9: Bruno Editore è il miglior Network di Affiliazione per la vendita di eBook.

Ovviamente non esistono solo gli InfoProdotti, ma potresti voler provare anche con la **Vendita di Merce Tradizionale**. Come fare in questo caso a scegliere la giusta categoria Merceologica? **La chiave per trovare prodotti proficui da pubblicizzare sta nel scegliere una buona via di mezzo tra i Prezzi dei Prodotti e le Percentuali di conversione.**

La "CONVERSIONE" si realizza nel momento in cui la Persona che Visita il tuo Sito compie l'azione che tu ti sei prefisso e cioè quella di acquistare qualcosa. Non a caso si Parla di "Percentuale di Conversione in Vendite", cioè del numero di Click che si tramutano in una Vendita per te.

Secondo questo ragionamento, anche se un prodotto in Affiliazione ti può rendere fino a 200 € per ogni vendita, un prodotto che ti paga solo 20/30 € a vendita potrebbe comunque essere più proficuo se converte maggiormente. È una semplice questione di numeri: un Prodotto che ti rende 200 €, vuol dire che ha un Costo molto elevato, quindi non adatto a tutti, magari potresti venderne un paio al mese (se sei bravo), per un totale di 400 € di Guadagno. Mentre un Prodotto dal Costo minore, alla portata di tutti, si può vendere anche diverse volte in un mese, ad esempio 20 o 30 volte, per un guadagno totale ben maggiore.

Esistono comunque determinati Prodotti che, pur avendo un costo elevato, mantengono un numero alto di vendite con una buona Conversione. Proprio così; anche se ti sembrerà strano, ci sono diverse Categorie di Prodotti disponibili che ti pagano molto e si convertono bene. Riporto di seguito alcuni esempi:

- **Hosting**
- **Gioielleria**
- **Programmi dietetici**
- **Prestiti**
- **Software per il commercio su internet**
- **Assicurazioni**

- **Infoprodotti**
- **Scommesse**
- **Servizi satellitari**

Quali programmi invece NON funzionano con AdWords? I programmi di affiliazione *pay-per-lead* sono probabilmente i più difficili da pubblicizzare se vuoi utilizzare AdWords. La ragione è che le aziende pay-per-lead generalmente pagano pochi euro per ogni iscrizione che ottengono. Questo rende difficile guadagnare qualcosa, tenendo conto delle spese pubblicitarie.

Questi programmi funzionano abbastanza bene solo se si implementano su siti dalle tematiche simili all'Affiliazione e che ricevono un gran numero di visite gratuite attraverso l'ottimizzazione sui motori di ricerca. A meno che tu non sia già un Esperto di marketing su Internet, ti sconsiglio di iniziare con questo Metodo di Guadagno. Se invece hai a disposizione diverse fonti di Visibilità a basso costo, meglio ancora se gratuite, i programmi pay-per-lead possono essere proficui.

SEGRETO n. 10: Punta su quelle Categorie di prodotti che ti garantiscono la giusta via di mezzo tra Prezzi adatti e alte Conversioni in Vendite.

Scegliere i prodotti da promuovere

Scegliere un prodotto da promuovere può rappresentare una decisione difficile, specialmente se non sai cosa stai cercando. Quando scegli un prodotto, è molto importante fare una ricerca specifica, perché ti sarà utile quando inizierai a pubblicizzare e a mandare visite al sito. A questo scopo, vedremo ora alcune Strategie grazie alle quali puoi determinare se il prodotto che vuoi vendere può essere proficuo e se è di buona qualità.

(1) Compra il prodotto che vuoi promuovere. Ovviamente questo consiglio non è adatto a tutti e per ogni cosa, in quanto sarebbe molto oneroso comprare ogni Prodotto che vuoi pubblicizzare. Tuttavia, se decidi di acquistare, sarai in grado non solo di controllare il prodotto, ma di fornire informazioni più dettagliate ai visitatori del tuo sito. Questo di solito si traduce in un aumento delle vendite, dato che diventerai l'esperto in materia; inoltre, conoscendo bene il prodotto sarai in grado di individuare con più facilità il tuo target di pubblico.

Ad esempio, ora che hai acquistato e letto questo eBook sarai in grado di rivenderlo molto facilmente, in quanto sai di cosa parla (Google AdWords), a chi è rivolto (Persone che vogliono guadagnare su Internet) e cosa contiene (Strategie per migliorare il proprio rendimento con AdWords pagando poco). Nulla ti vieta quindi di estrapolare qualche singola Strategia qui contenuta e magari di creare un tuo Sito Internet, un Blog o un Articolo Online che poi rimandi all'acquisto di questo stesso eBook per approfondire l'argomento.

Se non è nelle tue possibilità comprare il prodotto, puoi ottenere delle informazioni interessanti attraverso altri mezzi. Puoi, ad esempio, dare un'occhiata a cosa dicono gli altri nei forum, nei blog e nei gruppi di discussione. Puoi anche vedere come altri affiliati stanno venendo il prodotto e cosa hanno detto a riguardo. Queste sono tecniche alternative che puoi usare per ottenere informazioni sul prodotto senza comprarlo.

Tuttavia ci sono altre Strategie molto interessanti da poter attuare e che difficilmente troverai nelle altre Guide su AdWords e sul Guadagno Online.

(2) Guarda gli altri affiliati. Se stai cercando un prodotto, dovresti osservare cosa fanno gli altri affiliati e che tipo di parole chiave stanno pubblicizzando. Fa' una ricerca su Google usando una parola chiave e prendi nota dei siti degli affiliati che si trovano sotto i termini che hai ricercato. Di solito più affiliati ci sono sotto un termine ricercato, più soldi possono essere realizzati in un particolare settore (e c'è anche più concorrenza, ovviamente).

Per esempio, stai promovendo un InfoProdotto (quindi un eBook o un Libro) che aiuta le Persone che vogliono smettere di fumare. Se cerchi prodotti con la Parola Chiave "*smettere di fumare*" negli Annunci, è probabile che alcuni affiliati stiano guadagnando dei soldi. Una tecnica che puoi usare per confermare la produttività di queste parole chiave è far caso a questi annunci. Se gli stessi Annunci sono ancora Online dopo 2 settimane da quando hai effettuato la prima ricerca, vuol dire che gli Affiliati stanno guadagnando bene. Perché?

Perché un Annuncio su AdWords costa, quindi non avrebbe senso tenere Online un Annuncio che non rende.

Quindi, se dopo due settimane l'annuncio è ancora Visibile, vuol dire che il Prodotto si vende bene e chi ha messo quell'Annuncio sta guadagnando. Interessante, vero?

(3) Verifica il Ranking del Sito. Questo non è un metodo determinante per stabilire se devi pubblicizzare o no un determinato Prodotto o un Commerciante, ma puoi avere un'idea del numero di persone che visitano un sito in particolare controllando il suo Ranking (il suo Traffico in termini di Visite). Per far ciò vai su www.Alexa.com e digita l'URL del sito di cui vuoi avere le Statistiche per numero delle visite (Traffic Ranking).

SEGRETO n. 11: Controllando il Ranking di un Sito, sarai facilitato nel lavorare per quei Produttori che ricevono più

visite, che quindi lavorano meglio e hanno una credibilità maggiore.

Se, per esempio, cerchi su Alexa il Sito dove è venduta questa Guida, quindi Bruno Editore, vedrai che è posizionato all'80.000esimo Posto in termini di Visite.

Cosa vuol dire? Qualunque sito si trovi sotto i 100.000 riceve un ottimo numero di visitatori. Da questo puoi iniziare a capire che il prodotto probabilmente ha molti affiliati che lo promuovono. I siti che offrono programmi di affiliazione e che ottengono molte visite sono di solito **MOLTO** proficui da pubblicizzare. Nell'esempio specifico di Bruno Editore ci sono oltre 4.300 Affiliati che guadagnano cifre da 30 a 10.000 € al Mese, vendendo i vari InfoProdotti presenti nel Sito stesso. Ti piacerebbe imparare a Promuovere questi Prodotti e raggiungere guadagni simili? Allora la parte successiva sarà sicuramente interessante, in quanto scoprirai come Pubblicizzare i Prodotti di Bruno Editore.

Pubblicizzare i prodotti di Bruno Editore

Trovare un prodotto da pubblicizzare è un problema, tanto che ogni venditore su Internet si chiede: «*Come posso trovare un buon prodotto da vendere?*» La convinzione comune di solito è che se trovi un **BUON** prodotto da vendere farai dei soldi! Questo è uno dei principi più sbagliati nel mondo del marketing online. Sebbene vendere un buon prodotto ti porterà degli utili sugli investimenti, il punto principale è un altro: **la tua ABILITÀ come Venditore.**

Prima di fare un acquisto, un utente non conosce il prodotto. Questo significa che se il visitatore fa un acquisto è perché si è basato esclusivamente sulle tue Tecniche di Vendita. Con questo voglio farti capire che sono le tecniche che usi per vendere un prodotto che ti faranno guadagnare dei soldi, non il prodotto in sé. Ovviamente alcuni settori e alcuni prodotti si vendono meglio di altri, ma il fatto è che ci sono venditori su Internet che fanno soldi praticamente in qualsiasi Settore decidano di entrare. Il loro successo è perciò dovuto alla loro bravura. Ne deriva che il TUO successo come venditore su Internet non dipende da quali prodotti scegli di vendere, ma è basato sulla tua abilità di attuare le giuste tecniche per realizzare la vendita, come ad esempio l'uso Strategico di AdWords e di un Sito Internet che venda bene. Se quindi non hai un Sito Internet, devi affidarti necessariamente al migliore, quello che vende di più.

Bruno Editore è oggi la soluzione migliore in questo senso, perché propone un vastissimo Catalogo di Prodotti, tutti diversi e dalle Tematiche differenti, di Alta Qualità e con una Struttura di Vendita efficace. Puoi facilmente visualizzare i suoi oltre 80 prodotti attraverso il Catalogo e impostare i tuoi link di affiliazione, è molto semplice (tra poco imparerai come fare).

Ti suggerisco caldamente di imparare ad usare il Programma di Affiliazione di Bruno Editore e di pubblicizzare i suoi prodotti, soprattutto se sei all'inizio della tua Attività con AdWords. Questa Affiliazione ti offre un Pannello di Controllo in tempo

Reale molto semplice da usare. Cominciare sarà facile e veloce. Una volta che ti sei iscritto, per avere un account su Bruno Editore, puoi cominciare a promuovere qualsiasi prodotto esistente nel Sito. Vediamo come fare. Per prima cosa, qualora non lo avessi ancora fatto, è necessario **ISCRIVERSI** al Programma di Affiliazione di Bruno Editore. Ti basta cliccare su questa pagina:

http://www.autostima.net/autostima/affiliati.php

AFFILIAZIONE IMMEDIATA
(GRATIS E SENZA IMPEGNO!)

Cognome	Cognome
Nome	Nome
Data di nascita	1 · Gennaio · 1970
Cellulare	XXX/XXXXXX xxx/xxxxxx
E-mail	nome@email.it
Provincia	Provincia

Si, accetto le condizioni generali e autorizzo il trattamento dei dati

Invia

Una volta indicati i tuoi dati, clicca su «**INVIA**». Non ci saranno giorni di attesa o approvazioni da aspettare, ma entrerai immediatamente nel tuo **Pannello di Controllo**; contemporaneamente riceverai un Messaggio via eMail con i tuoi dati di Accesso. Appena ti sarai registrato, la tua Pagina principale sarà piena di Informazioni, consigli e suggerimenti. Per il momento non preoccuparti, ti aiuterò ad analizzare il Lavoro da fare. Adesso ti basta dare una prima occhiata. Cosa noti? Sicuramente c'è un primo aspetto da tenere subito in considerazione.

Area Riservata

Daniele D'ausilio
Home
Modifica Profilo
Logout

AFFILIATI
Statistiche
Modifica Sito
Istruzioni
Moltiplicatore
Link
Banner
Regole
Faq
Chiudi Account

AUTORI
Proponi Ebook
Statistiche

CLIENTI
Tuoi Ordini
Moltiplicatore

BENVENUTO NELL'AREA RISERVATA!

=> STATISTICHE AFFILIAZIONE <=

Ultime Novità

12/03/08 - Se sei un Affiliato, aggiorna i dati obbligatori del tuo sito Scrivi ESATTAMENTE **dove e come vengono pubblicizzati i nostri prodotti**, e dove hai inserito il nostro banner.

11/03/08 - Il 15 marzo arriveranno tante novità, leggi sul blog!

08/03/2008 - Vuoi un tuo minisito? Disponibile il servizio Creazione Minisiti **anche per gli affiliati.**

04/03/2008 - E' disponibile Infoprodotti di Nicchia **di Paolo Orlando, un ebook straordinario. Pubblicizzalo bene con Adwords (keywords: infoprodotti, ebook, web marketing, soldi online, etc..) e sul tuo blog!**

La prima cosa da fare è quella di dire al Programma di Affiliazione **DOVE** decidiamo di Lavorare. In questo caso, visto che utilizzeremo il Programma Pubblicitario di Google, ti basterà cliccare su **MODIFICA SITO** e scrivere nella Casella: «**adwords.google.it**», che poi altro non è che il Sito Internet tramite il quale ti sei iscritto ad AdWords.

A questo punto dovrai inserire Annunci su AdWords riguardanti il Prodotto che vuoi Pubblicizzare. Vediamo in maniera pratica come "agganciarsi" a un Prodotto del Catalogo e promuoverlo con AdWords.

Prima di tutto vai sulla pagina relativa al Catalogo di Autostima: **http://www.autostima.net/shopping/**. Da qui potrai selezionare i prodotti anche in base alle tre Tematiche principali:

1. Crescita Personale
2. Crescita Professionale
3. Crescita Finanziaria

Ora non ti resta che scegliere l'InfoProdotto (eBook, Dvd, Libro, Videocorso) che vuoi promuovere e al quale vuoi agganciarti come Affiliato. Ipotizziamo di scegliere la vendita dell'eBook ***Fare Soldi Online in 7 Giorni***. Per prima cosa ti serve il Link con il tuo Codice di Affiliato. Per trovare i Link di tutti i Prodotti da Vendere torna nella Pagina di Affiliazione, effettua il Login e vai su: **http://www.autostima.net/partner/linkad.php**.

Ebook Fare Soldi Online in 7 giorni

http://www.faresoldionlinein7giorni.net/?pp=TUOCODICE

Qui trovi la Lista completa dei Link, con il tuo Codice di Affiliato già pronto per essere utilizzato. In questo caso ti serve quello dell'eBook *Fare Soldi Online in 7 Giorni*; copia il Link su una Nota o tieni aperta questa pagina, perché ti servirà tra pochissimo: **faresoldionlinein7giorni.net/?pp=**TUOCODICE.

Ora, chiunque clicchi su questo Link entrerà nella normale pagina di Vendita dell'eBook, ma sarà passato attraverso il **TUO CODICE,** quindi il Programma ti riconoscerà la commissione in caso di Acquisto da parte del Visitatore. Ok, hai capito come agganciarti a un Prodotto, come sfruttare il tuo Link di Affiliato e sai di avere tra le Mani i migliori Prodotti in Circolazione, che in pratica si vendono da soli. Ma non solo: il Sito è davvero Ottimizzato alla Vendita, per cui, secondo il ragionamento fatto in precedenza, sei già a metà dell'opera.

Ora il tuo Obiettivo primario è attirare quanto più traffico possibile di Visitatori verso questo Link. In effetti, il Segreto di un Affiliato vincente è quello di creare una buona **RETE PUBBLICITARIA con AdWords!** Lo abbiamo detto anche prima: la pubblicità è tutto per Te, perché è il Mezzo principale che ti consente di fare da tramite tra un Cliente e il Prodotto che vuoi Vendere. Fa' molta attenzione soprattutto ai Prodotti appena usciti o che stanno per uscire (puoi vederli in Home Page); di solito hanno poca concorrenza su AdWords e puoi sfruttare questa situazione a tuo vantaggio, iniziando a promuovere questi Prodotti da subito. Un altro Segreto importantissimo, ad ogni modo, è la scelta delle Parole Chiave che dovrai utilizzare per Promuovere i vari Prodotti.

Trovare parole chiave proficue

Qual è il miglior modo per trovare parole chiave proficue? Ci sono molti strumenti che ti possono aiutare in questa ricerca, inclusi quelli di Google e Yahoo e i software di parole chiave autonomi. Personalmente uso gli Strumenti appena menzionati per trovare parole chiave, ma questi da soli non riescono a suggerirti le parole chiave più adatte e non ti dicono **COME** usarle. Non sarebbe bello sapere quali Strategie attuare per usare queste parole chiave, usando pochi e semplici passaggi? Ora vediamo come fare.

- **Le parole chiave "comprare" e "acquistare"**

Che tipo di parole chiave riesce a convertire maggiormente in Vendite? Che cosa digitano le persone quando cercano di comprare un prodotto o un servizio? In questa risposta c'è un Segreto importantissimo, che può essere applicato ad ogni settore e che tra l'altro è basato su un concetto abbastanza ovvio, ma di cui molte persone si dimenticano: se aggiungi "**comprare**" o "**acquistare**" a qualsiasi prodotto, diventerà una delle parole chiave più redditizie che avrai in possesso.

Per esempio, se qualcuno cerca qualcosa come "**comprare l'ebook di adwords**", sarà probabilmente una persona che ha già pronti dei Soldi da spendere per le informazioni che cerca.

Ci hai mai pensato? Infatti, qualche Lettore come te, che ha deciso di acquistare questo libro, probabilmente avrà digitato questo esatto termine di ricerca su Google. Puoi applicare la stessa tattica aggiungendo la parola "acquisto" alla tua frase chiave. Ecco un esempio:

Web Marketing **Adwords**
Sai Quanto è Potente **Adwords**?
Compra Il Codice Scopri i Segreti.
www.autostima.net

Compra il Codice AdWords
Vuoi sapere come funziona AdWords?
Leggi il Codice e Scopri i Segreti
www.Codice-AdWords.com

SEGRETO n. 12: Usa le Parole Chiave "Comprare/Compro" e "Acquisto/Acquistare" prima del Nome esatto del Prodotto e vedrai che le tue Conversioni in Vendite aumenteranno notevolmente.

Personalmente integro questa tecnica in tutte le mie campagne e riscontro ottimi risultati.

Se pensi a quanti milioni di prodotti, servizi e settori ci sono su Internet, puoi capire come questa tecnica da sola può farti guadagnare veramente tanti soldi.

- **Parole chiave per i prodotti**

È molto produttivo, nel pubblicizzare il prodotto che vuoi vendere, utilizzare le parole chiave che lo interessano. Puoi usare il nome del prodotto o l'azienda e includere errori di ortografia e differenti combinazioni delle parole chiave. Per esempio, se stai promovendo questo eBook, puoi usare le seguenti parole chiave:

- *Il Codice di Google AdWords*
- *Codice di AdWords*
- *AdWords Codice*
- *Codice AdWords*
- *Codice di Google*

Queste sono alcune delle parole chiave più redditizie da usare per promuovere l'eBook del Codice di Google AdWords. Quando i clienti vengono a conoscenza di un eBook (magari tramite una Newsletter) o vedono un prodotto pubblicizzato in un

Blog, potrebbero fare una ricerca su Google utilizzando il nome del prodotto per saperne di più. Tu lo hai mai fatto? Probabilmente sì.

Ovviamente non ti dispiacerà avere i tuoi Annunci ben visibili in caso di Ricerche di questo tipo. Ricordati di usare il Nome esatto del Prodotto sia nel tuo titolo che nel Testo dell'annuncio. Ad esempio, puoi creare un Annuncio specifico di questo tipo:

Codice di Google AdWords
Vuoi Migliorare i Tuoi Annunci?
Scopri il Codice di Google AdWords
www.autostima.net/Codice-AdWords

Ricorda, uno dei Segreti di AdWords è quello di pensare come penserebbero i Clienti, fare le cose che tu stesso hai fatto in passato, prima di acquistare un InfoProdotto o un Oggetto della stessa Categoria.

- **Errori di ortografia**

Spesso viene trascurato il fatto che le persone non digitano in modo perfetto e fanno errori quando usano Google. Sebbene queste parole chiave non ricevano un alto numero di visite, puoi ottenere Risultati di qualità a un prezzo minore. Per esempio, se qualcuno ha intenzione di impostare nella ricerca la frase «*fare soldi*», potrebbe digitare per sbaglio «*fare* ***sodli***». Se tu stai pubblicizzando anche questa parola chiave, riceverai lo stesso visite a un minor costo, in quanto ci sarà minore concorrenza.

Esistono alcuni Software che oltre ad essere dei Selettori di Parole Chiave, generano anche tantissime Parole sbagliate appositamente per queste Situazioni. Uno dei questi Software è **Good Keyword**. Lo trovi a questo Indirizzo: http://www.goodkeywords.com/

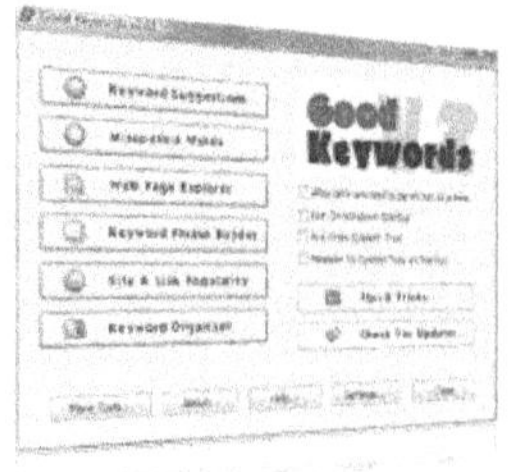

Dalla Schermata principale del Programma, ti basterà cliccare su «**MISSPELLED WORDS**» e indicare la Parola Chiave che vuoi creare in modo errato. Ci sono risultati di ogni genere ed è molto indicato creare un'apposita Campagna proprio per questo tipo di Ricerche.

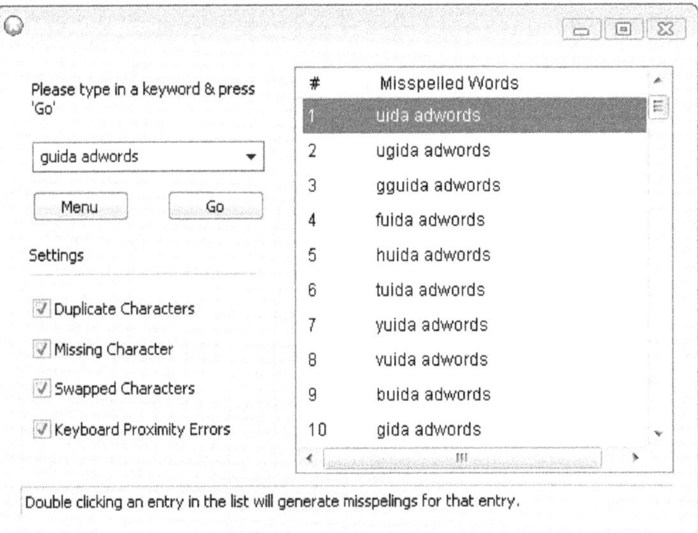

- **Parole chiave singolari e plurali**

Al fine di assicurarsi una posizione sponsorizzata per una parola chiave singolare e plurale, è necessario che entrambe facciano parte del tuo Gruppo di Annunci. Anche se molto spesso Google inserirà la tua parola chiave singolare sotto i risultati plurali, questo non è garantito al 100%.

Quindi, come fa Google a determinare se una parola chiave singolare è da mostrare nei risultati di ricerca plurali? L'algoritmo di Google prende i risultati che ha ottenuto in passato il tuo account e il **Click Through Rate** (CTR) che la tua singola Parola Chiave ha generato in passato, quando è stata mostrata sotto i termini di ricerca plurali.

Sai cos'è il CTR? Come vedremo più avanti, è la statistica più importante dei tuoi Annunci AdWords, ossia quella che determina il Successo o il Fallimento della tua Campagna. Potremmo definire il CTR come il rapporto tra le esposizioni e i click effettuati su un determinato Annuncio. Se, ad esempio, il tuo Annuncio è stato visualizzato 100 volte e ha ricevuto 2 click, allora il tuo CTR sarà del 2%.

Ma torniamo a noi: stavamo parlando delle Ricerche riguardanti le Parole plurali. Se in passato hai già usato AdWords e il tuo CTR è stato buono (superiore all'1%), le tue Parole Chiave al singolare saranno visibili nei risultati di ricerca; altrimenti non verranno visualizzate nelle Ricerche plurali. *Quindi, aggiungi le parole chiave al plurale nel tuo Gruppo di Annunci, se vuoi assicurarti che il tuo annuncio venga mostrato.*

Nota: Non preoccuparti se credi di non aver capito bene qualche passaggio: il CTR e la prestazione del tuo account di AdWords verranno spiegati nelle prossime Pagine.

Se quindi pubblicizzi la parola chiave "*comprare libro sul marketing*", dovresti anche pubblicizzare la parola chiave «*comprare **libri** sul marketing*».

SEGRETO n. 13: Nei tuoi Gruppi di Annunci includi anche il nome esatto del Prodotto che stai pubblicizzando, le Parole Chiave errate e quelle al plurale.

- **Risorse per le parole chiave**

Ci sono diverse risorse gratuite che puoi utilizzare per creare delle Liste di parole chiave secondo le varie ricerche. Elenco di seguito alcuni dei migliori strumenti disponibili:

a) Good Keyword
b) Generatore Parole Chiave MIVA
c) Strumento Parole Chiave Google
d) Selettore di Parole Chiave di Overture

Per trovare buone parole chiave, non si tratta solo di digitare una parola in uno di questi strumenti e raccogliere i risultati. Devi usare le tecniche che abbiamo menzionato in precedenza, solo così sarai in grado di aumentare il numero di vendite per ogni prodotto scelto.

RIEPILOGO DEL GIORNO 2:

- SEGRETO n. 8: Per iniziare un serio Business su AdWords è necessario un buon Programma di Affiliazione che ti permetta di promuovere InfoProdotti!
- SEGRETO n. 9: Bruno Editore è il miglior Network di Affiliazione per la vendita di InfoProdotti, eBook e Videocorsi.
- SEGRETO n. 10: Punta su quelle Categorie di prodotti che ti garantiscono la giusta via di mezzo tra Prezzi adatti e alte Conversioni in Vendite.
- SEGRETO n. 11: Controllando il Ranking di un Sito, sarai facilitato nel lavorare per quei Produttori che ricevono più visite, che quindi lavorano meglio e hanno una credibilità maggiore.
- SEGRETO n. 12: Usa le Parole Chiave "Comprare/Compro" e "Acquisto/Acquistare" prima del Nome esatto del Prodotto e vedrai che le tue Conversioni in Vendite aumenteranno notevolmente.
- SEGRETO n. 13: Nei tuoi Gruppi di Annunci includi anche il nome esatto del Prodotto che stai pubblicizzando, le Parole Chiave errate e quelle al plurale.

GIORNO 3:
Campagne Pubblicitarie Vincenti

Ora che hai un account AdWords e hai scelto un prodotto da pubblicizzare, sei pronto per mettere a punto la tua prima "reale" campagna di annunci. Forse a questo punto potresti chiederti: «*Ma quanto posso guadagnare in termini di Soldi ogni mese con questa Campagna? Meglio sfruttare AdWords per l'Affiliazione o per il mio Business?*»

Quantificare i possibili guadagni è davvero difficile, in quanto le variabili sono tantissime: qualità degli Annunci AdWords, del Prodotto, Concorrenza e tanto altro. L'unica cosa che posso dirti è che se sei all'inizio per quanto riguarda l'utilizzo di Google AdWords, ti consiglio di far pratica con le Affiliazioni. Io stesso, prima di vendere i miei Prodotti, ho iniziato in questa maniera.

In questo modo non solo potrai "fare pratica" con gli Annunci, ma avrai anche il modo di imparare come strutturare una

Campagna nel modo più giusto, iniziando peraltro a guadagnare sin da subito, senza investimenti a fondo perduto.

Se avvierai in questo modo il tuo Business, avrai anche ben chiaro quello che è il concetto principale di AdWords. Molte Guide sull'Argomento hanno infatti nel Titolo le parole "**Guadagnare**", "**Fare Soldi**", "**Vincere**" con AdWords, ma in realtà l'unico metodo per riuscire a fare questo è **TROVARE CLIENTI**.

Se ti poni come **Obiettivo NON il Guadagno immediato, ma trovare quante più Persone possibili che siano interessate al tuo Prodotto**, allora puoi star certo che anche i guadagni arriveranno.

Proprio per questo motivo prima ti ho consigliato il Programma di Affiliazione di Bruno Editore. Oggi è l'unico in Italia che ti consente di porti come Obiettivo (anche se vendi Prodotti di altri) **NON** quello del Guadagno Immediato (che in Italia è difficile da ottenere), ma quello di **trovare Clienti che si iscrivano alla Newsletter,** che di conseguenza poi acquistano dei Prodotti, qualsiasi essi siano. Una volta focalizzato questo Obiettivo, potrai infine passare alla **Struttura della Campagna AdWords per il TUO Sito**, Prodotto o Business.

Tieni presente che uno degli aspetti più interessanti di Google AdWords è quello di poter **TESTARE qualsiasi Business** prima di Investire seriamente. Ti faccio un esempio: quando ero agli inizi con le Affiliazioni (e anche le Affiliazioni in Italia erano agli inizi ;-)) l'unica strada percorribile era quella di iniziare a lavorare nel Mercato Americano, l'unico, cioè, che era già sviluppato e che prometteva grandissimi ricavi. Decisi così di iniziare a lavorare con AdWords pubblicizzando InfoProdotti Americani, quindi creando annunci per Google.com in lingua Inglese.

Essendo agli inizi, non era necessario un enorme Budget per testare il reale potenziale di questi prodotti: sono bastate poche decine di euro per capire che la cosa non andava bene per me. Era necessario avere una competenza linguistica non indifferente (è già difficile creare Annunci che vendano in Italiano, figuriamoci in Inglese), nonché una conoscenza approfondita del Mercato locale e del suo Trend. Insomma, ho lasciato perdere, è vero, ma questo non significa che ci ho rimesso migliaia di euro o sono andato sul Lastrico. Capito il concetto? **Con AdWords puoi fare tutti i TEST che vuoi,** per qualsiasi Prodotto, Servizio o Sito tu abbia in mente di creare o Promuovere. Ci vuole davvero poco per capire se un Annuncio è cliccato tanto e se un Prodotto si vende bene.

Ricordi il ragionamento fatto prima sulla concorrenza e sugli eventuali 15 giorni di permanenza Online di un Annuncio? Questi 15 giorni valgono anche per te, perché sono più che sufficienti, con AdWords, per avere delle prime Statistiche significative. Sta a te poi creare un qualcosa che sia utile per i tuoi Lettori.

Ad esempio, nel Libro *Il Codice degli eBook* viene spiegato in maniera approfondita come creare un Libro Elettronico (anche se non lo hai mai fatto e ti reputi non capace), che trasmetta qualcosa di utile a chi cerca di risolvere un Problema. Ho fatto la stessa cosa con questo eBook e se hai deciso di leggerlo è perché vuoi imparare ad usare AdWords, giusto?

Perché, allora, non prendere in considerazione l'idea di scrivere tu stesso qualcosa e di venderlo tramite AdWords? È solo un'idea, ma con Google AdWords puoi davvero, in pochi Minuti e con semplici passaggi, iniziare a testare qualsiasi Prodotto, a vendere qualsiasi cosa tu desideri.

SEGRETO n. 14: Dopo aver acquisito la giusta esperienza con le Affiliazioni, fai dei Test per capire quale tipo di Prodotto puoi creare e vendere con AdWords.

Se hai seguito le istruzioni del primo Capitolo relative alla Registrazione, hai già una campagna simulata che ora dovrai cancellare. Una volta cancellata questa campagna pubblicitaria, ne puoi creare una nuova usando le tecniche che ti spiegherò di seguito.

Per ottenere successo con AdWords hai bisogno di sapere come creare campagne, gestire gruppi di annunci e di conoscere le corrette impostazioni e le giuste tecniche per trovare parole chiave. Tutti questi passaggi devono essere eseguiti in modo corretto, per permettere al tuo annuncio di battere la concorrenza e creare un utile positivo sugli investimenti (che in AdWords è definito **ROI, Return on Investment**).

Creare una nuova Campagna è facile, ma vorrei offrirti qualcosa di più e cioè alcuni consigli che ti renderanno le cose ancora più semplici e soprattutto un profitto a lungo termine. Per prima cosa devi dare un nome alla tua campagna, qualcosa che per te abbia un senso. Per esempio, potresti chiamare la tua campagna "*Codice AdWords*" e usarla per promuovere questo eBook. La ragione principale dell'avere un proprio schema dei nomi sta nel fatto che ciò ti renderà più semplice l'organizzazione del tuo account, soprattutto quando ti troverai a gestire diverse campagne Online contemporaneamente.

SEGRETO n. 15: Quando crei una campagna è importante darle un Titolo appropriato. Usa un nome che si riferisca al prodotto che stai pubblicizzando. A volte è un buon metodo quello di nominare la campagna con lo stesso URL del sito che stai pubblicizzando.

Ora comincerò a svelarti alcuni trucchi che ben pochi inserzionisti conoscono. Una delle prime cose che devi fare, non appena avrai creato la tua Campagna, è **disattivare la Rete di Contenuti.** La rete dei contenuti di Google consiste, in poche parole, in Google AdSense. AdSense è il Programma di Google che permette la pubblicazione di determinati Annunci nei Siti Internet che si registrano al Programma. Con questa scelta puoi decidere se vuoi far apparire i tuoi annunci su questi siti, **OLTRE** che sul Motore di ricerca vero e proprio.

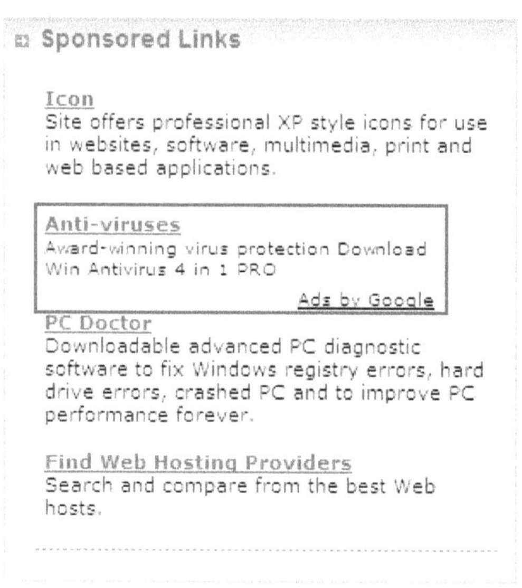

Questo è un suggerimento molto importante, che determina spesso e volentieri il Successo della tua Campagna, ma che ben pochi conoscono. Ma perché ti dico questo? Perché la maggioranza delle Visite prodotte dalla Rete di Contenuti **non si traduce in vendite**.

Sicuramente la Rete di Contenuti permetterà al tuo annuncio di ottenere molte visite; il problema è che queste non derivano dalle reali ricerche delle persone, ma da AdSense, che è tempestato di click falsi, spesso casuali e da visite poco targhettizzate, poco in tema con i tuoi Argomenti principali.

È vero che negli ultimi aggiornamenti Google sta cercando il più possibile di ottimizzare la Rete dei Contenuti, in modo da rendere i suoi Click maggiormente qualitativi, ma la verità è che ancora oggi questa Opzione porta un dispendio di Soldi che molto raramente ha un riscontro in termini di Conversione. Quindi, quando sei nella pagina principale di AdWords, dove trovi la Gestione delle tue Campagne, seleziona quella che desideri e clicca su «**MODIFICA IMPOSTAZIONI**»!

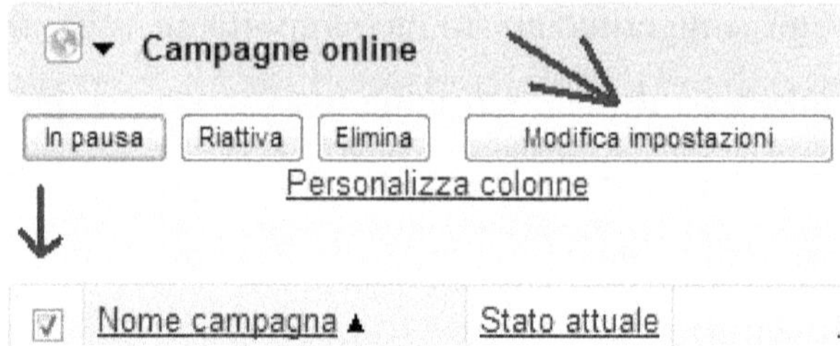

Questo ti permetterà di arrivare alla pagina che vedi nell'immagine qui sotto, dove potrai disattivare la Rete di Contenuti e lasciare invece selezionata la Rete di Ricerca. Parleremo in modo dettagliato della Rete dei Contenuti anche più avanti.

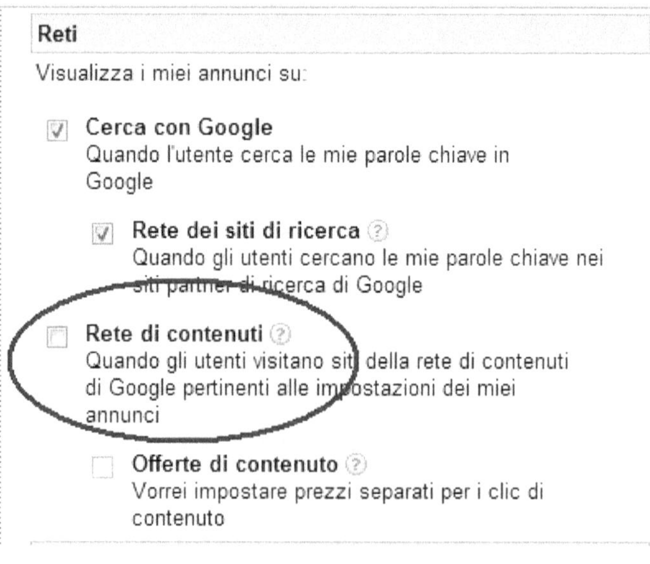

Un'altra Opzione fondamentale che devi impostare in questa Pagina è il tuo **budget giornaliero**! Il budget giornaliero ti permette infatti di controllare quanta esposizione ottengono i tuoi annunci nella Rete di Google (quindi su Google.it e Siti Partner). Questo aspetto è strettamente collegato alla tua spesa.

Per esempio, se imposti il tuo budget giornaliero a 5,00 €, AdWords permetterà ai tuoi annunci di essere esposti finché non raggiungerai circa 5,00 € di click al giorno.

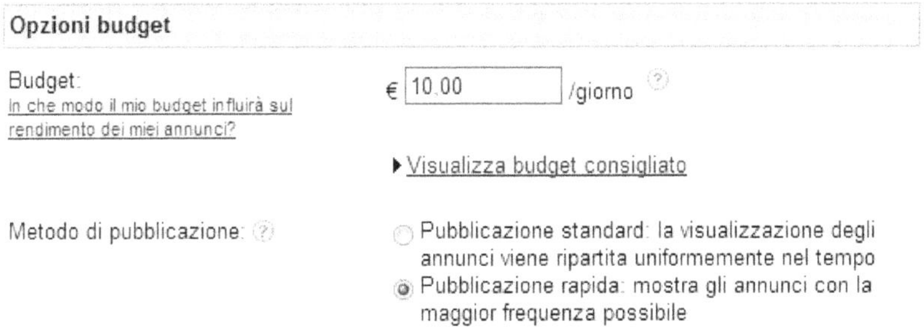

Opzioni budget

Budget: € 10.00 /giorno

In che modo il mio budget influirà sul rendimento dei miei annunci?

Visualizza budget consigliato

Metodo di pubblicazione:

Pubblicazione standard: la visualizzazione degli annunci viene ripartita uniformemente nel tempo

Pubblicazione rapida: mostra gli annunci con la maggior frequenza possibile

Considera che spesso la maggior parte degli inserzionisti sbaglia questa impostazione, perché è mal consigliata da Google stessa (con il suo **Budget consigliato**) o dai vari Siti Internet sull'argomento. Molti sono quasi impauriti da questa casella, perché prevedono chissà quali spese folli nel caso le vendite non dovessero andare nel verso giusto.

La realtà è che anche impostando un Budget giornaliero elevatissimo per delle Parole Chiave competitive, **molto difficilmente arriverai a spendere davvero quella cifra**. In compenso, però, il tuo Annuncio sarà il più visualizzato durante la giornata, avrà più click e magari otterrà più Guadagni.

Ok, va bene il discorso per cui non sei ancora esperto o magari stai provando una Campagna nuova per vendere un Prodotto su cui non hai fatto mai esperimenti; in questo caso sono d'accordo con te nell'inserire un Budget di prova, che può essere tranquillamente di 10,00 €! Ma, appunto, deve essere di prova ;-).

AdWords, a differenza delle Campagne Pubblicitarie tradizionali, dove non si hanno riscontri precisi a breve termine, ti fornisce tutte le indicazioni in tempo reale. Per cui, dopo un ragionevole periodo di tempo, se vedi che il tuo Annuncio inizia a riscuotere successo in termini di CTR e magari anche di Conversione per le vendite del tuo Prodotto, **NON HA SENSO** tenere un Budget basso, rischi solo di perdere potenziali Clienti e altri guadagni. Quindi, va bene il periodo di prova, ma dopo i primi **TEST** puoi tranquillamente impostare un Budget più elevato.

Questo permetterà ai tuoi annunci di essere esposti al 100% e di ricevere il più alto numero di visite possibili. Personalmente uso questa tecnica impostando campagne anche da 200,00 o 500,00 € di Budget giornaliero, ma nella realtà non mi è mai successo di avvicinarmi a tali cifre. Ad ogni modo, per sicurezza, controlla la tua campagna per i primi giorni, così da assicurarti di non andare oltre quello che puoi spendere.

Gli ultimi due consigli che ti do, per il momento, sono questi: imposta la Pubblicazione **RAPIDA** dei tuoi Annunci e falli **RUOTARE** tra loro. In questo modo saranno visualizzati il più velocemente possibile e sarai facilitato nel fare delle prove, per vedere quale Annuncio funziona di più rispetto agli altri. Ma anche di questo parleremo più avanti.

SEGRETO n. 16: Disattiva la Rete dei Contenuti per la tua Campagna e imposta dei limiti di Budget elevati, in modo da Guadagnare con AdWords quanto più è possibile.

Gruppi di annunci

Il prossimo passo è quello di creare un gruppo di annunci, si tratta in pratica di un modo per organizzare le tue parole chiave. Poiché il successo della tua campagna è direttamente influenzato dal funzionamento del tuo gruppo di annunci, è molto importante crearli in modo appropriato.

Il Segreto di una Campagna AdWords di successo è quello di creare **più gruppi di annunci che contengano ognuno un piccolo numero di parole chiave** rilevanti. Il mio suggerimento è quello di **non andare oltre le 25 parole chiave per gruppo**. Il Concetto è quello di creare un gruppo di annunci con le parole chiave significative e rilevanti per lo stesso Testo del tuo Annuncio.

Sai, invece, cosa fanno la maggior parte dei venditori che usano AdWords (quindi la tua concorrenza)? Molto superficialmente inseriscono centinaia di parole chiave in un unico gruppo di annunci, sperando di ottenere più visite possibili. Il problema è che così facendo si ottengono, è vero, tante visite, ma non i risultati attesi.

Usando una tecnica del genere non batterai la tua concorrenza e porterai effetti negativi alla tua campagna AdWords. Perché? Se hai un minimo di esperienza con AdWords forse già lo sai, altrimenti leggi con attenzione, perché questo è uno degli aspetti più importanti. Devi sapere che la posizione degli Annunci AdWords nelle pagine di Ricerca non è frutto del caso, ma dipende da te, da come imposti la tua Campagna.

Molti pensano che maggiore è il Costo per Click che viene impostato, o magari il Budget giornaliero, maggiore è anche la propria posizione in AdWords. In parte è vero, ma questo NON è l'elemento più importante per il posizionamento. Infatti **AdWords fa una Classifica tenendo conto anche della QUALITÀ degli annunci**, privilegiando quelli migliori, quindi non solo i più costosi o i quelli con un alto numero di Parole Chiave.

Questo è un bene per te? Certo! Se così non fosse, vista la concorrenza che esiste per le Parole Chiave più importanti, AdWords diverrebbe un privilegio destinato a quei pochi che possono permettersi migliaia di euro di investimenti. Per fortuna non è così. **Google premia invece la competenza degli inserzionisti, valutando la QUALITÀ dei loro Annunci**.

Questo è uno dei segreti che ha reso in pochi anni Google e il suo Network pubblicitario i Leader nel Settore! D'altra parte conviene anche a Google lavorare in questo modo. Se un Annuncio è impostato male, per quanto l'Inserzionista possa puntare sulle sue Parole Chiave, non sarà cliccato molto e Google perderà opportunità di guadagno.

Al contrario, un Annuncio che magari ha un'offerta minore, ma è qualitativamente superiore, verrà cliccato più volte e **a Google converrà PREMIARLO, inserendolo in prima Pagina o nelle prime posizioni**. Ricorda infatti che stiamo parlando di Pay per Click, quindi Google guadagna per i Click che gli Annunci ricevono; per questo premia i migliori: conviene a entrambi.

Ma cosa determina la Qualità di un Annuncio? AdWords valuta la qualità del tuo annuncio in base a precise caratteristiche che vedremo tra poco. Se però hai troppe parole chiave nei tuoi gruppi di annunci, influenzerai in modo negativo i tuoi costi per click e la posizione degli annunci stessi. Questo perché **Google vuole che le tue Parole Chiave siano RILEVANTI** per i tuoi Annunci.

Una Parola Chiave è rilevante quando è in Tema con la Ricerca fatta dall'Utente e lo è al massimo quando si tratta della stessa identica Parola.

Se stai promovendo un Sito di Gioielli e acquisti per 0,05 € la Parola Chiave "*Gioielli*", Google ti imposterà un'offerta minima consentita per quella Parola e sarai Online. Quando l'utente cerca la Parola Chiave "*Gioielli*" e vede il tuo Annuncio (che contiene questa Parola), ecco che questo diventa rilevante, di qualità, perché non solo è in tema con la Ricerca fatta dalla Persona, ma contiene esattamente la Parola che è stata ricercata (in questo caso comparirà anche in **GRASSETTO** per darti una maggiore visibilità).

Ora, immaginiamo che domani entro in gioco io, che sono un tuo concorrente; acquisto centinaia di Parole Chiave diverse per un unico Gruppo di Annunci, tra le quali la stessa "*Gioielli*", ma sono disposto a spendere 0,20 € per ogni Click. Però io non vendo Gioielli, bensì **Orologi**.

In questo caso il mio Annuncio sarà **POCO RILEVANTE**, non di Qualità e Google se ne accorgerà. Prima di tutto perché nel Testo del mio Annuncio probabilmente non scriverò "Vendita *Gioielli*", ma piuttosto "*Orologi*". Se tu stessi cercando un Gioiello da acquistare, cliccheresti su un Annuncio che vende Orologi? Probabilmente no, perché sai che perderesti tempo.

Questo è anche quello che pensa la maggior parte della gente. Quindi, è vero che inizialmente il mio Annuncio si posizionerà sopra al tuo per la Parola "*Gioielli*", visto che la mia offerta è superiore alla tua, ma otterrò un basso numero di Click e pochi risultati, sia per Google che per me. Che fa allora Google in questo caso? Mi alza l'offerta minima. Ti è mai capitato?

Compare un messaggio in bella vista nel Pannello di Controllo che ti dice che se vuoi continuare ad utilizzare la Parola Chiave "*Gioielli*" devi alzare la posta in palio, perché l'offerta minima è divenuta improvvisamente più alta. In poche parole Google mi sta tagliando fuori dal Mercato e questo nonostante io spenda più di te (la mia puntata per la stessa Parola era di 0,20 €, la tua di 0,05 €). Ovviamente questo non avviene perché a Google io sia antipatico, ma semplicemente perché la mia Campagna non porta soldi, guadagni, mentre la tua sì.

Se quindi hai le parole chiave giuste per i tuoi annunci, otterrai un alto CTR. Il CTR, ripetiamolo, è il rapporto tra quante volte il tuo annuncio viene mostrato e quante volte viene cliccato. Se raggiungi un CTR del 5%, allora vorrà dire che 5 persone hanno cliccato su tuo annuncio per tutte le 100 volte che è stato mostrato.

Per creare gruppi di annunci rilevanti, è importante raggruppare le tue parole chiave usando delle precise Strategie. Se, ad esempio, noti che tutte le frasi chiave hanno almeno una parola in comune, cerca di usare questa parola nel testo del tuo annuncio.

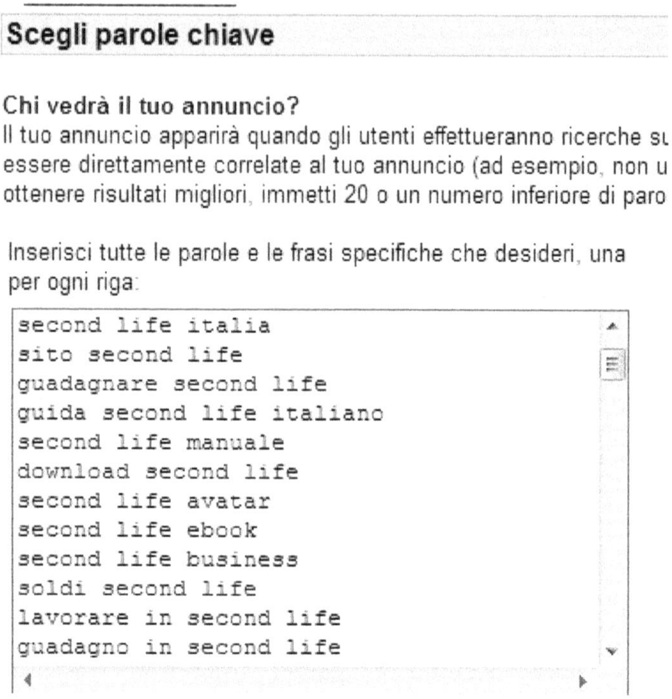

Scegli parole chiave

Chi vedrà il tuo annuncio?
Il tuo annuncio apparirà quando gli utenti effettueranno ricerche su
essere direttamente correlate al tuo annuncio (ad esempio, non u
ottenere risultati migliori, immetti 20 o un numero inferiore di paro

Inserisci tutte le parole e le frasi specifiche che desideri, una per ogni riga:

```
second life italia
sito second life
guadagnare second life
guida second life italiano
second life manuale
download second life
second life avatar
second life ebook
second life business
soldi second life
lavorare in second life
guadagno in second life
```

In questo esempio ho inserito alcune Frasi chiave che contengono la parola chiave comune "*second life*"; questo ti permetterà di creare un annuncio estremamente mirato, in modo da essere visualizzato effettivamente solo dalle persone interessate. Parleremo in modo approfondito della questione più avanti.

L'esempio precedente si riferisce a un mio gruppo di annunci che ha raggiunto un altissimo CTR, addirittura del **13%**, con un costo inferiore a 0,10 € per Parole molto competitive!

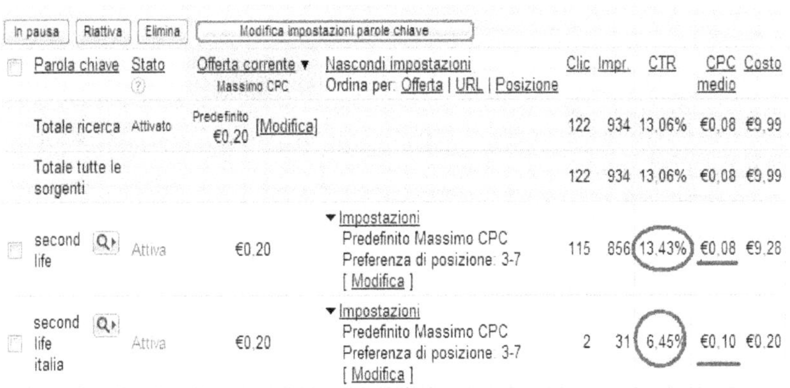

In pausa | Riattiva | Elimina | Modifica impostazioni parole chiave

Parola chiave	Stato	Offerta corrente ▼ Massimo CPC	Nascondi impostazioni Ordina per: Offerta | URL | Posizione	Clic	Impr.	CTR	CPC medio	Costo
Totale ricerca	Attivato	Predefinito €0.20 [Modifica]		122	934	13.06%	€0.08	€9.99
Totale tutte le sorgenti				122	934	13.06%	€0.08	€9.99
second life	Attiva	€0.20	▾ Impostazioni Predefinito Massimo CPC Preferenza di posizione: 3-7 [Modifica]	115	856	13.43%	€0.08	€9.28
second life italia	Attiva	€0.20	▾ Impostazioni Predefinito Massimo CPC Preferenza di posizione: 3-7 [Modifica]	2	31	6.45%	€0.10	€0.20

Ti sei mai chiesto perché il CTR è così importante? AdWords calcola la qualità dei tuoi annunci in base ad alcuni fattori. Questo insieme di fattori è chiamato "**Punteggio di qualità**" (*Quality Score*) e gioca un ruolo molto importante nel posizionamento e nell'efficacia dei tuoi annunci.

Più è alto il tuo CTR, migliore sarà il tuo Punteggio di Qualità. Più alto sarà il tuo Punteggio, meno pagherai per i click che ricevi e il tuo annuncio sarà posizionato più in alto. Se avrai un alto

Punteggio di Qualità, potresti posizionarti al Primo posto nei risultati di ricerca di Google, pagando meno rispetto ai tuoi concorrenti. Inoltre riceverai più visite e la qualità di queste visite sarà maggiore.

Cosa significa tutto questo? Migliori Risultati e più Guadagni! Interessante, non è vero? Tramite questa Guida stai imparando come raggiungere questi risultati! Nelle Pagine successive mi soffermerò in modo specifico sui Fattori che compongono il Punteggio di Qualità e ti dirò come sfruttarlo al meglio!

SEGRETO n. 17: Crea più Gruppi di Annunci senza superare per ciascuno di essi 25 Frasi Chiave e raggruppale usando le parole che sono comuni. Usa queste parole comuni nel tuo titolo e nella descrizione per avere un miglior Punteggio di Qualità.

Ora che hai capito in cosa consiste un gruppo di annunci, sarà utile fare qualche considerazione riguardo la sua importanza. In poche e semplici parole, il Segreto sta nell'avere **molti Gruppi strettamente correlati tra loro, ognuno dei quali con le poche**

parole chiave rilevanti, allo scopo di creare Annunci più specifici possibile. Per "*strettamente correlati*" intendo che le frasi chiave devono avere almeno una parola in comune. Si può usare quindi questa parola comune nel titolo e nella descrizione dell'annuncio, un po' come negli esempi che ho avuto modo di mostrarti prima.

Rispettando questo criterio, il tuo annuncio apparirà per ogni parola chiave presente nel gruppo, quindi esso deve essere il più pertinente possibile a tutte le parole chiave del tuo gruppo. È per questo motivo che tutte le parole chiave all'interno dello stesso gruppo devono essere molto simili, solo così puoi avere un annuncio rilevante per ogni Ricerca che viene fatta nell'ambito di un singolo Prodotto.

Ricorda: più rilevante sarà il tuo annuncio rispetto alle varie parole chiave, più elevato sarà il CTR (percentuale di click), minore sarà la spesa per i Click ottenuti. Ad esempio, supponiamo di promuovere l'eBook *NO FUMO* di Giacomo Bruno. Il nostro primo gruppo sarà naturalmente "*come smettere di fumare*" e le nostre parole chiave saranno le seguenti:

come smettere di fumare
"come smettere di fumare"
[come smettere di fumare]

Se ti stai chiedendo cosa significano le virgolette non preoccuparti, te lo spiegherò tra qualche Pagina. Ora inserisci questa Frase in un "Generatore di Parole Chiave", ossia un programma di ricerca per parole chiave. Il risultato sarà un elenco di molte parole chiave relative al tema "*smettere di fumare*". Nella mia ricerca ho trovato ad esempio frasi del tipo: "*metodi smettere di fumare*", "*guida per smettere di fumare*", "*libro smettere fumare adesso*"...

Da questo nuovo elenco di parole procedi alla creazione dei gruppi successivi:

Secondo Gruppo:
metodi smettere di fumare
"metodi smettere di fumare"
[metodi smettere di fumare]

Terzo Gruppo:

guida smettere fumare

"guida smettere fumare"

[guida smettere fumare]

E così via, fino a creare diversi gruppi, ognuno con i propri annunci, relativi alla lista di parole chiave che hai scelto. Quando creerai i tuoi gruppi, userai lo stesso Generatore per le parole chiave che io stesso utilizzo, quindi non preoccuparti. Anche se frasi come "*metodi smettere di fumare*" e "*come smettere di fumare*" potrebbero sembrare molto simili, il mio consiglio è di creare un gruppo separato per ciascuna di esse, specialmente se lo strumento che stima il traffico di visite ti dice che quelle parole sono in grado di generare molte visualizzazioni.

Da questo semplice esempio hai avuto modo di comprendere che creare molti Gruppi specifici è sicuramente un'ottima Strategia, che ti consentirà di creare un serio Business con AdWords. Quindi segui passo passo questi suggerimenti, non andare oltre soltanto perché non li ritieni abbastanza interessanti o perché ti sembrano lunghi da seguire.

Nel prossimo Capitolo scoprirai qual è la Strategia migliore per creare Annunci cliccabili, quindi che avranno un altissimo CTR (come quelli che io stesso creo e che ti ho mostrato prima), così da risparmiare sui Click e migliorare i tuoi Risultati.

RIEPILOGO DEL GIORNO 3:

- SEGRETO n. 14: Dopo aver acquisito la giusta esperienza con le Affiliazioni, fai dei Test per capire quale tipo di Prodotto puoi creare e vendere con AdWords.
- SEGRETO n. 15: Quando crei una campagna è importante darle un Titolo appropriato. Usa un nome che si riferisca al prodotto che stai pubblicizzando. A volte è un buon metodo quello di nominare la campagna con lo stesso URL del sito che stai pubblicizzando.
- SEGRETO n. 16: Disattiva la Rete dei Contenuti per la tua Campagna e imposta dei limiti di Budget elevati, in modo da Guadagnare con AdWords quanto più è possibile.
- SEGRETO n. 17: Crea più Gruppi di Annunci senza superare per ciascuno di essi 25 Frasi Chiave e raggruppale usando le parole che sono comuni. Usa queste parole comuni nel tuo titolo e nella descrizione per avere un miglior Punteggio di Qualità.

GIORNO 4:
Come Scrivere Annunci Irresistibili

Forse ti sembrerà strano, ma la Tecnica migliore per avere successo su Google AdWords non riguarda affatto AdWords! Aspetta, sicuro di aver letto bene? Ripeto:

«*la Tecnica migliore per avere successo su Google AdWords,* ***NON*** *riguarda affatto AdWords!*»

Ti sembrerà strano leggere una tale affermazione, ma con l'esperienza (e leggendo questa Guida) capirai che fondamentalmente è proprio così, e non lo dico solo per attirare la tua attenzione, ma per esperienza personale. Prima ti ho mostrato i risultati della mia Campagna su AdWords per quanto riguarda la vendita dell'eBook *Il Codice di Second Life*. Quel risultato, però, non è stato conseguito subito. Prima si sono susseguiti molti errori, test e soprattutto risultati scoraggianti come questo:

Campagna: Second Life - Cancellata | Ripristina campagna
Modifica impostazioni campagna

Visualizza tutti i gruppi di annunci

Modifica offerte | Rinomina | In pausa | Riattiva | Elimina | Personalizza colonne

Nome gruppo di annunci	Stato	Offerta predefinita Massimo CPC	Clic	Impr.	CTR	CPC medio
Guida	Campagna cancellata	€0.20	27	79.768	0.03%	€0.14
Totale	-	-	27	79.768	0,03%	€0,14

Che differenza rispetto all'esempio che ti ho mostrato prima, non è vero? Eppure il Prodotto è lo stesso, le Tecniche che ho utilizzato sono quelle che ti ho mostrato prima, inoltre l'Annuncio era abbastanza rilevante, lo dimostra il CPC (Costo per Click medio), che pur non essendo eccezionale, era comunque accettabile. Sta di fatto che su oltre 79.000 Visualizzazioni ci sono stati soltanto 27 Click, una miseria, con un conseguente CTR del 0,03% e un aumento delle Offerte Minime per le mie Parole Chiave. In poche parole sono stato tagliato fuori.

Alla fine, dopo diversi tentativi, ho capito cosa non andava, qual era l'errore che non mi permetteva di ottenere migliori risultati in termini di CTR e quindi di Click ricevuti.

Il Concetto di base è che, nonostante le Strategie Profonde e le Tecniche avanzate (che in ogni caso servono, infatti le trovi in questa Guida), un Annuncio AdWords, per avere successo, **deve essere CLICCABILE, deve cioè riuscire a INVOGLIARE l'Utente a cliccarci sopra**. Questo ovviamente presuppone una solida conoscenza di Copywriting e PNL (Capacità di Scrittura e Programmazione Neuro-Linguistica) applicata al Testo dei propri Annunci di AdWords. Visto che ci troviamo di fronte soltanto quattro Righe di Testo e pochissimi Caratteri, ecco che diventa *fondamentale* avere delle Strategie specifiche, mirate al raggiungimento di questo Risultato.

SEGRETO n. 18: L'Abilità di Copywriting e la Tecnica di PNL associata al Pay-per-Click sono fondamentali per scrivere Annunci efficaci che abbiano successo su AdWords.

Una volta carpito questo Segreto, sono sicuro che la tua attenzione si sposterà quasi esclusivamente sulla scrittura dei tuoi Annunci piuttosto che sulle varie Opzioni disponibili nel Pannello di Controllo. Per me è stato così: prima passavo 5 Minuti per scrivere un Annuncio e magari ore per ottimizzarlo, ora è diverso. Ovviamente mi prendo il tempo per studiare i miei Gruppi di Annunci, le Parole Chiave che possono rendermi maggiormente e altri aspetti Tecnici, ma un buon 80% del mio Lavoro su AdWords è dedicato alla creazione di Annunci efficaci. Ecco spiegato quel CTR così alto che ti ho mostrato prima!

Ci sono molte Tecniche che vengono insegnate nelle varie Guide e Siti Internet dedicati ad AdWords. Qui imparerai quella più semplice ma produttiva per aumentare il tuo CTR e il tuo Punteggio di Qualità allo stesso tempo!

Prima di tutto voglio chiarire, qualora ce ne fosse bisogno, che la difficoltà maggiore sta proprio nel fatto che non hai molti Caratteri a disposizione: 4 Righe di Testo in Totale (Titolo, due

Righe descrittive e URL Visualizzato) e che quindi devi ottimizzarle al Massimo!

Il Codice Segreto degli Annunci Perfetti? ***Sono le Parole Chiave Comuni!***

Esempio di parole chiave comuni:
Web marketing
Ebook Web marketing
Sito Web marketing
Guida Web marketing

È semplice vedere che la parola comune è "*Web marketing*". Usa "*Web marketing*" nel Testo del tuo Annuncio il più possibile che puoi, ma è ancora più importante usarlo nel titolo. La tecnica delle parole chiave comuni aumenterà in misura considerevole il tuo Punteggio di Qualità, dato che il tuo annuncio sarà rilevante, in Tema con quello che gli utenti stanno cercando.

Supponiamo che un utente cerchi su Google un eBook una Guida sul Web marketing. Ovviamente sarà molto attratto dal tuo annuncio, perché il tuo titolo è ***Web Marketing***. Quindi, quando l'utente digita le parole "*Web marketing*" su Google, il tuo annuncio sarà sicuramente visibile, perché tutte le parole comuni contengono il termine "Web marketing".

Ricorda anche che quando le parole chiave che fanno visualizzare il tuo annuncio sono contenute nel Testo, verranno messe in grassetto. Questo farà crescere il tuo CTR e il Punteggio di Qualità. L'annuncio che vedi nell'immagine di seguito contiene parole chiave che includono le parole in comune "Second Life". Puoi notare che queste parole sono in grassetto.

Fare Soldi in **Second Life**
Non ci credi? Leggi questo Manuale
Guida di 189 Pag. Scaricala QUI!
SecondLife-Italia.net

Quindi, perché è importante raggruppare le parole chiave e avere un Testo che sia ottimizzato? Perché il tuo successo di venditore con Google AdWords è direttamente collegato al tuo Punteggio di Qualità. La Qualità del tuo Annuncio è determinata da quanto esso è rilevante per la ricerca che lo rende visibile.

SEGRETO n. 19: La Strategia più importante per scrivere Annunci di Successo è la Rilevanza per le Parole Chiave Comuni.

Ovviamente ci sono tantissime Tecniche che possono consentirti di scrivere Annunci che riescano a battere la tua concorrenza. Ora ti insegnerò passo passo quelle che io stesso utilizzo per superare i miei concorrenti. Vedrai come in poco tempo aumenterai di molto non solo il tuo CTR, ma anche il ROI.

Personalmente, quando creo i miei annunci, uso sempre una serie di **TRE specifiche strategie**, che ora ti insegnerò. È molto importante che tu segua esattamente questa serie, in modo tale da ottenere i miei stessi risultati. Non preoccuparti, non dovrai per forza essere estremamente creativo o fantasioso nello scrivere gli annunci, l'importante è che tu segua questa tecnica nei minimi particolari, per poi rendere il tuo un **annuncio perfetto**. Iniziamo subito con alcune considerazioni che riguardano gli annunci costruiti per battere la concorrenza. Probabilmente avrai già avuto modo di leggere molte teorie al riguardo in vari siti ed eBook che trattano l'argomento AdWords, tuttavia sarà utile partire da quelle fondamentali, per approfondire poi le strategie con esercizi pratici.

Una prima questione molto importante è che non devi crearti false illusioni: non pensare di poter creare oggi stesso un annuncio che raggiunga immediatamente il 60% di CTR. Questo atteggiamento mentale è errato, inoltre spesso e volentieri non porta da nessuna parte. L'obiettivo iniziale, quindi, è quello di creare un annuncio che sia rilevante; questo è quello che ti serve, almeno per ora. Questo annuncio, comunque, già di per sé ti genererà un CTR in grado di battere la maggior parte della concorrenza.

Questo è uno degli aspetti più importanti di Google AdWords, per cui, anche se sei un esperto venditore online o un professionista delle affiliazioni, dovrai ottimizzare il tuo CTR seguendo queste tecniche: ***è indispensabile!***

- **Frasi che richiamano all'azione**

Queste frasi sono molto importanti nel Testo dell'Annuncio, perché quando una frase viene letta dall'Utente, questo viene stimolato mentalmente a compiere un'azione che il cervello umano mette subito in risalto. Ti riporto di seguito l'esempio di una frase di questo tipo:

Vuoi Scrivere un Libro?
Oggi puoi farlo a Costo ZERO. Come?
Scarica la Guida x Scrivere eBook
Guadagnare-Soldi.org/Scrivere-Libro

Sarebbe stato molto diverso un Annuncio del tipo: «***GUIDA PER SCRIVERE EBOOK***».

Il primo tipo di frase, invece, stimola il cervello dell'Utente, che quasi senza volerlo andrà effettivamente a cliccare sul tuo Sito. È un po' lo stesso effetto che provocano i vari bottoni in bella vista di questo tipo:

Quante volte ci troviamo a navigare in Siti Internet che, magari, non sono davvero di nostro interesse, spinti soprattutto da Icone e Testi del genere? Questi elementi non sono casuali, ma sono stati appositamente **creati per dare un ORDINE al nostro Cervello**, anche se forse non ce ne rendiamo conto.

Ovviamente su AdWords non possiamo usare delle Icone, ma proprio per questo motivo frasi di questo genere diventano estremamente importanti per ottenere il nostro obiettivo: il **CLICK** da parte del Visitatore.

Questo tipo di frase, inoltre («*scarica la Guida, acquista subito*» ecc.), in qualche modo prepara la mente di chi sta per entrare, facendo sapere al visitatore che quando visiterà il tuo sito gli sarà richiesto di scaricare la Guida o di acquistare un Prodotto.

La frase prepara quindi i tuoi visitatori a ciò che gli verrà offerto nel sito. In questo esempio il visitatore saprà che è richiesta un'azione (*scaricare* la Guida) per raggiungere il suo Obiettivo: *scrivere* un libro.

SEGRETO n. 20: Inserisci nel Testo del tuo Annuncio delle Frasi che richiamano all'azione, in modo da stimolare la visita e preparare il Lettore all'acquisto.

➢ **Il Fattore Sorpresa**

Il fattore Sorpresa si ottiene grazie a frasi d'effetto, che attirano inevitabilmente l'attenzione sul tuo annuncio. Questo può aiutarti a far distinguere il tuo annuncio dagli altri e a guadagnare visite. Qui c'è un esempio di un mio Annuncio che include un fattore Sorpresa.

Lavorare da Casa? Falso
Scopri perchè i Siti che promettono
di **Lavorare da Casa** sono Fregature
www.Autostima.net/**Lavorare-da-Casa**

Dì la verità, se cerchi su Google "*Lavorare da Casa*" e ti imbatti in un Annuncio del genere, non sei spinto a saperne di più? Non solo questo Annuncio attira la tua Attenzione, perché in pratica vuole insinuare che quello che stai cercando, un Lavoro da Casa, è spesso sinonimo di Fregatura su Internet e quindi ti avverte, ma ti invita anche all'azione, cioè ad approfondire, **SCOPRIRE** il perché di questa affermazione, ovviamente cliccando sul Link, che nel mio caso porta al Report, di cui ti parlavo prima, sulla *Verità delle Affiliazioni in Italia.*

In questo Annuncio, quindi, il fattore Sorpresa è stato utilizzato per attirare l'attenzione dei navigatori. Questa tecnica può farti ottenere molte visite, però tieni presente che dovrai fare pieno affidamento sulla tua pagina web per trasformare il cliente in un compratore. Infatti l'annuncio in questo caso non spiega in maniera esauriente quali siano queste fregature, ma lo si scopre una volta arrivati sul Sito, quindi devi assicurarti che il sito sia chiaro e semplice da capire.

SEGRETO n. 21: Stupisci i navigatori con degli Annunci che abbiano un grande Impatto, un effetto a Sorpresa tale da invogliarli a cliccare sul Sito.

- **Elimina chi non è disposto ad acquistare**

Esponendo il prezzo nell'annuncio, in un certo senso eliminerai a priori chi in partenza non è disposto ad acquistare. I non compratori sono in genere persone che cercano informazioni gratuite, magari un po' distrattamente, senza essere davvero interessati all'argomento e, soprattutto, a **comprare** online. Alcune parole chiave possono creare tantissime visite, ma non le trasformano in vendite. Esporre il prezzo nell'annuncio ti aiuterà ad assicurarti che le persone che cliccano su di esso siano anche disposte a pagare per il tuo prodotto. Questa è una buona tecnica e può aiutarti ad aumentare i tuoi utili e le tue Conversioni.

Corso di **Alfio Bardolla**?
Investire in immobili è il Nuovo
Corso di **Alfio Bardolla** € 1399

Questo annuncio mostra il prezzo nella seconda linea della descrizione. Quando un utente legge, può decidere di non cliccare sul tuo annuncio se già è consapevole di non essere interessato a pagare 1399 € per partecipare al Corso.

Ovviamente, però, c'è anche un discorso da fare in merito al CTR. Alcuni, infatti, credono che impostare un Annuncio del genere, con il Prezzo in vista, porti la stragrande maggioranza dei

Visitatori a NON entrare nel tuo Sito; di conseguenza il CTR crolla. È la verità? Io dico che in parte è vero, ma probabilmente chi ha riscontrato questo problema non ha usato questa Tecnica nella giusta maniera. È vero che così facendo la maggioranza delle persone non clicca, ma bisogna anche tenere presente le parole Chiave che si scelgono.

Ricordi le parole Chiave che ti ho suggerito prima, come ad esempio "*Acquistare*" o "*Vendita*"? Se **crei un Annuncio con il Prezzo del Prodotto esposto APPOSITAMENTE per questo tipo di Parole Chiave**, allora stai certo che avrai successo, perché chi digita una parola del genere sta già cercando, in effetti, qualche Prodotto a pagamento; per questo conoscere il Prezzo non può che invogliarlo.

Se invece utilizzi la Tecnica del Prezzo per Parole Chiave di tipo generico, come ad esempio "*Immobili*", "*Guadagnare*", "*PNL*", logicamente attirerai un Target molto più ampio, includendo anche tutte quelle Persone che semplicemente **cercano Informazioni e non PARTONO con l'intento di acquistare**. **Questo Target va CONVINTO a cliccare con le Tecniche che**

ti ho illustrato prima, ma non certo tramite il Prezzo esposto. Questo è il Segreto per il corretto utilizzo di questa Tecnica, che molti ignorano.

Un'alternativa, a questo proposito, può essere quella di **inserire come Parola Chiave quella che identifica il Prodotto**. Se includi Parole come "*eBook, Videocorso, Seminario, Scarpe, Cellulare*" e simili, puoi stare tranquillo, perché chi cerca su Internet queste cose sa in partenza che Prodotti di questo tipo sono da acquistare e il Prezzo va più che bene per incrementare le tue Conversioni!

SEGRETO n. 22: Usa la Tecnica del Prezzo esposto nell'Annuncio, creando delle apposite Campagne che abbiano come Parola Chiave il Prodotto che vendi o i verbi relativi all'acquisto.

Se userai queste 3 tecniche che ti ho menzionato, potrai aumentare considerevolmente il tuo Punteggio di Qualità, portare più visite al tuo sito e risparmiare soldi, eliminando a priori chi non è disposto ad acquistare.

Quindi, quale Strategia devi usare? **Puoi adottare tutte e 3 le tecniche, utilizzando però diversi Gruppi di Annunci, creati appositamente per sfruttare queste diverse Strategie**, in modo da verificare quale Test ottiene il miglior CTR per il tuo annuncio.

RIEPILOGO DEL GIORNO 4:

- SEGRETO n. 18: L'Abilità di Copywriting e la Tecnica di PNL associata al Pay-per-Click sono fondamentali per scrivere Annunci efficaci che abbiano successo su AdWords.
- SEGRETO n. 19: La Strategia più importante per scrivere Annunci di Successo è la Rilevanza per le Parole Chiave Comuni.
- SEGRETO n. 20: Inserisci nel Testo del tuo Annuncio delle Frasi che richiamano all'azione, in modo da stimolare la visita e preparare il Lettore all'acquisto.
- SEGRETO n. 21: Stupisci i navigatori con degli Annunci che abbiano un grande Impatto, un effetto a Sorpresa tale da invogliarli a cliccare sul Sito.
- SEGRETO n. 22: Usa la Tecnica del Prezzo esposto nell'Annuncio, creando delle apposite Campagne che abbiano come Parola Chiave il Prodotto che vendi o i verbi relativi all'acquisto.

GIORNO 5:
Come battere i tuoi Concorrenti

Anche se Google AdWords è considerato ancora oggi il migliore Strumento di Vendita e Promozione Online, sono in molti in Italia a credere che non rappresenti più un buon Investimento. Forse questa corrente di pensiero trae origine in parte dalla scarsa vena imprenditoriale di noi Italiani, sempre restii a investire se un Servizio non ci rende **SUBITO** almeno 10 volte tanto.

Sta di fatto che se in America AdWords è sempre più conosciuto, sfruttato a dovere e remunerativo, qui in Italia, negli ultimi tempi, si tendono a privilegiare le forme di Marketing Gratuito.

Nascono appositamente ogni giorno Blog dedicati al Vendere qualcosa, si creano Articoli di Marketing che elogiano determinati Prodotti e, purtroppo, si tende anche a fare Spam nei vari Newsgroup e Forum.

Questo accade fondamentalmente per due ragioni:

1. Si crede, erroneamente, che ci sia troppa concorrenza.
2. Non si conoscono le Formule Segrete di Google.

Anche se la maggioranza degli Inserzionisti non se ne rende conto, queste due ragioni sono strettamente collegate, in quanto per superare la Concorrenza bisogna conoscere a fondo come funziona Google AdWords, quali sono i fattori che determinano l'andamento di un Annuncio e il famoso **Punteggio di Qualità** cui ti ho accennato prima.

Se hai sentito parlare per la prima volta del Punteggio di Qualità (o *Quality Score*, in Inglese) leggendo questo eBook, allora è probabile che fino ad ora tu non abbia ottimizzato al meglio le tue Campagne Pubblicitarie. Il Punteggio di Qualità, ripetiamolo, **è il sistema a punti di Google che classifica ogni annuncio e ne determina la posizione nei risultati sponsorizzati**. Stabilisce anche il prezzo minimo di offerta rispetto alle parole chiave che vuoi pubblicizzare e quanto devi pagare per ogni click. Direi quindi che è di fondamentale importanza, non è vero?

SEGRETO n. 23: Il Punteggio di Qualità è quell'insieme di Fattori che permette a Google di classificare gli Annunci e di determinare la posizione dei Risultati sponsorizzati.

Da questo semplice concetto cosa ne deriva? Ovviamente che **se ottieni un alto Punteggio di Qualità, puoi ottenere una posizione più alta per il tuo annuncio** rispetto a un concorrente, **ANCHE** se sta pagando di più per un click. Questa è una delle ragioni per cui Google AdWords rappresenta il sistema Pubblicitario perfetto per un venditore su Internet, perché premia i più capaci (cioè quelli che riescono ad ottenere il maggior punteggio) e non i più facoltosi (quelli che possono permettersi alti costi per Click).

Diversamente da *Yahoo! Marketing* e da altre reti pay per click, dove la tua posizione viene determinata in base dall'offerta che fai per ogni Click sulle tue Parole Chiave, su AdWords puoi raggiungere una buona posizione per il tuo annuncio senza dover spendere più dei tuoi concorrenti. Il Punteggio di Qualità ha permesso a Google di ottenere i risultati di ricerca a pagamento con la più alta qualità rispetto a tutte le altre reti Pubblicitarie. **È**

ora che anche tu sfrutti questo Punteggio di Qualità per il tuo Business!

Se non hai avuto modo di leggere l'eBook *Fare Soldi Online con Google*, devi sapere che in quel Libro fu svelata per la prima volta in Italia la **Formula Segreta dell'AD RANK**, ovvero tutti quei fattori che determinano il Punteggio di Qualità e quindi la posizione dei vari Annunci sponsorizzati. Nel corso di questi anni la Formula è stata spesso screditata da Teorie di presunti "Guru", che sostengono che le varie percentuali che la compongono (che tra poco ti mostrerò) non sono reali, ma approssimative.

Quello che a noi interessa, ora, è capire in maniera **CHIARA** in cosa consiste in effetti il Quality Score, anche perché nel corso del tempo Google ha aggiornato alcuni parametri, per cui possiamo parlare di **FORMULA 2008**!

Non solo, in questo Capitolo **avrai modo di avere un'ulteriore Preziosissima Formula MAI svelata su Internet**, sia in Italia che in America: **La Formula della Conversione Perfetta**, che ti farà determinare con un Metro di Giudizio esatto al 100%

l'andamento dei tuoi Annunci e ti farà capire quali sono i **DUE FATTORI DETERMINANTI** per il Successo della tua Attività su AdWords!

Scommetto che non ti aspettavi tanto, non è vero?;-) Ma andiamo con ordine...

Iniziamo col dire che **il Punteggio di Qualità è basato su 5 diverse variabili**, queste hanno tutte un effetto sul punteggio totale del tuo annuncio in forma percentuale. Ma prima di andare avanti con le spiegazioni tecniche, direi che è arrivato il momento di svelarti la formula Segreta di Google aggiornata al 2008, ovvero come viene stabilito l'ordine esatto degli annunci AdWords.

Posizione Annuncio =

CPC x Punteggio di Qualità

CPC = costo per click

Punteggio di Qualità = CTR + HKP + RKA + CLP + OFR

• **CTR** (40%): percentuale di click
• **RKA** (25%): rilevanza della parola chiave nell'annuncio
• **HKP** (15%): performance storica del tuo Account
• **CLP** (15%): contenuti della Landing Page
• **ORF** (5%): altri fattori rilevanti

Analizziamo i vari Fattori uno ad uno, tenendo presenti le ultime novità di Google. Ovviamente le Percentuali qui esposte sono frutto di Test, prove ed esperimenti Pratici effettuati dallo stesso Ing. Giacomo Bruno. Quello che possiamo dire con certezza è che i Fattori sono questi, così come è questo l'ordine esatto di rilevanza.

SEGRETO n. 24: Il Punteggio di Qualità è composto dal CTR + RKA + HKP + CLP + ORF.

➢ CTR

Come detto in precedenza, il CTR è la percentuale di click che il tuo annuncio riceve in relazione al numero di Ricerche. Il CTR è strettamente collegato a come il tuo annuncio si presenta ai Visitatori. Ci sono diverse tecniche che puoi mettere in atto per aumentare il CTR, ne abbiamo già parlato in precedenza nella sezione dedicata al **TESTO**.

Il CTR è uno dei fattori più importanti che devi gestire al fine di ottenere un alto Punteggio di Qualità. Se hai un CTR dell'1% o meno, hai molti margini di miglioramento, puoi riuscire ad aumentarlo del 5% o anche di più, usando la tecnica delle parole chiave "comuni". Personalmente, adottando questa tecnica ho riscontrato risultati nettamente migliori, come ti ho mostrato prima con i miei Annunci.

SEGRETO n. 25: Il CTR consiste nella Percentuale di Click ricevuti dal tuo Annuncio rispetto alle visualizzazioni Totali. Se il tuo Annuncio è cliccato 5 volte su 100, il CTR sarà del 5%.

- **RKA**

Dai nostri esperimenti abbiamo notato che recentemente Google tiene in maggior considerazione la Rilevanza delle Parole Chiave. Se il contenuto del tuo Annuncio è relativo a una parola chiave che hai scelto, riuscirai ad aumentare il tuo Punteggio di Qualità.

Un suggerimento è quello di digitare le parole chiave direttamente nel tuo annuncio. Per esempio, se stai pubblicizzando le parole chiave "*Soldi, Fare Soldi, come Guadagnare Soldi*", potresti creare un singolo Gruppo di Annunci con un Testo del genere:

Guadagnare soldi
Soldi e Rendite Online Semplici
Guadagnare Denaro Guida Ebook 99 €
www.fare**soldi**online.it/EbookDenaro

Questo non solo aumenterà il tuo Punteggio di Qualità (dato che l'annuncio è significativo per le parole chiave), ma aumenterà anche il tuo CTR; le persone saranno infatti più propense a cliccare sul tuo annuncio, dato che le Parole che hanno utilizzato per la loro ricerca appaiono in **grassetto**.

SEGRETO n. 26: L'RKA è la Rilevanza del tuo Annuncio rispetto alle Parole Chiave che stai usando. Per avere maggiore rilevanza cerca di includere nel testo le Parole Chiave stesse.

- **HKP**

Forse la cosa non ti farà piacere, ma la realtà è che Google fa delle previsioni sul tuo account. Se il tuo account di AdWords ha ottenuto pochi risultati nel passato, automaticamente dedurrà che la qualità del tuo annuncio e del tuo gruppo di annunci continuerà a scendere, anche con un nuovo Groppo di Annunci (o parola chiave aggiuntiva). Se hai notato che il tuo annuncio non è attivo, è dovuto al fatto che la tua offerta massima non è impostata in modo sufficientemente alto per far sì che Google lo mostri nei risultati di ricerca.

Questo potrebbe essere un risultato della scarsa performance del tuo annuncio nel passato. Non preoccuparti, però, perché se aumenti la qualità del tuo Annuncio, e di conseguenza il tuo CTR, questo valore tenderà ad aumentare, per cui non avrai grossi problemi con le tue Offerte.

Se poi hai un annuncio che è andato bene in passato, puoi usare le previsioni storiche di Google a tuo vantaggio. Puoi aggiungere anche le parole chiave più competitive nel tuo Gruppo di Annunci e vedrai che otterrai ottimi risultati nella tua campagna, con un CPC minimo ben più basso rispetto a quello di un account che ha uno storico degli annunci disastroso. Ecco perché conoscere queste Strategie è di fondamentale importanza: una Campagna AdWords non deve essere un passatempo, non deve essere impostata giusto per provare, ma invece **è molto importante che sia condotta con criterio e seguendo le Tecniche migliori**. Questo perché il lavoro e i risultati che otterrai si ripercuoteranno a lungo termine sul tuo Lavoro e di conseguenza sulle tue Vendite! Ovviamente fa' anche attenzione a non violare in alcun modo il **Regolamento** di Google, in quanto questo potrebbe comportare l'allontanamento da AdWords, che di solito è definitivo.

SEGRETO n. 27: Il Valore HKP indica le performance passate del tuo Account e quanto successo hai avuto per determinate parole Chiave. Questo ti è molto utile per far scendere il tuo CPC.

- **CLP**

La sigla **CLP sta per la pagina web su cui un utente arriva dopo aver cliccato su un annuncio pubblicitario**. Questa

Pagina viene identificata col nome di "*Landing Page*" e ha un ruolo sempre più importante per il Punteggio di Qualità.

L'aggiunta più recente alla formula di Google AdWords, infatti, riguarda proprio i Contenuti della Landing Page; questa sicuramente, con l'andare del tempo, diverrà ancora più determinante per la Posizione degli Annunci sponsorizzati. Il Concetto base che è dietro a questo Valore è il seguente: **più Rilevante è la Landing Page, più alta sarà la qualità dei risultati di ricerca**.

Dato che la **qualità** è una questione fondamentale per Google, è stato messo a punto un sistema per monitorare proprio la qualità dei risultati di ricerca sponsorizzati e l'effettiva rilevanza di una Landing Page rispetto ai termini di ricerca. In altre parole la tua Landing Page deve includere Informazioni rilevanti per i termini di ricerca o il tuo Quality Score ne sarà negativamente condizionato.

Come puoi aumentare la Rilevanza e la Qualità delle tue Landing Page?

Al fine di raggiungere un alto Punteggio ora (e una buona posizione in futuro), la tua Pagina Web deve essere altamente rilevante per l'iniziale termine di ricerca. Questo significa che se qualcuno imposta la ricerca con la frase "*come vincere in Borsa*", devi avere questi termini esatti sul tuo sito. Un buon metodo è anche quello di includere informazioni correlate o simili.

Abbiamo fatto dei test per verificare l'importanza della Landing Page, ebbene: in alcuni casi una pagina rilevante ti fa risparmiare fino al 25% del costo per click e ottiene una Posizione dell'annuncio dalle 3 alle 5 volte più in alto. **La rilevanza della Landing Page è un concetto chiave e non devi ignorarlo**. Ti mostrerò quali sono alcune Strategie per ottenere un Sito Web Rilevante al massimo nelle prossime Pagine.

Consigli per una Landing Page di Qualità

(1) **(1) Inserisci un titolo rilevante**. Nei Tag HTML del titolo della tua pagina web inserisci le parole chiave che sono state usate per la Ricerca, quindi includi quelle di maggiore importanza. Se qualcuno ha digitato "*come Vincere in Borsa*" ed

è arrivato alla tua pagina web, il tuo titolo dovrebbe contenere "*Vincere in Borsa*" e, se è possibile, esattamente la stessa frase.

(2) Usa slogan rilevanti

Gli slogan, in particolare quelli che sono più lunghi del testo o sono inclusi nei Tag <h1>, devono essere altamente rilevanti e includere le parole chiave che hai scelto su AdWords e che verranno usate nelle Ricerche.

(3) Contenuto di Qualità

Google cerca il tuo contenuto nella pagina web, così come nello slogan e nel titolo. Il contenuto, quindi, deve essere rilevante rispetto al titolo e allo slogan, perché se stai cercando di ottimizzare il tuo sito per Google, allora potresti avere l'opportunità di trovare maggiori clienti, anche tramite le Ricerche Naturali dei Motori di Ricerca. Più alta è la rilevanza, più alta sarà la conversione in vendite; *mai* sottovalutare questo concetto.

(4) Creare pagine web statiche

Molte persone utilizzano degli script per inserire in modo dinamico le parole chiave dalla Frase di ricerca alla loro pagina web. Questa Strategia è sicuramente valida, ma il rischio è quello di ridurre leggermente il tuo Punteggio di Qualità, visto che Google non riconosce alcuni contenuti dinamici. Lo stesso discorso vale per le animazioni in Flash, che di solito sconsiglio per questa ragione, anche se possono risultare gradevoli dal punto di vista estetico. Creare pagine web statiche, invece, genererà un più alto Quality Score. Se vedi che il tuo CPC minimo è molto alto, questo è dovuto probabilmente a una scarsa rilevanza della tua Landing Page.

SEGRETO n. 28: Il CLP, ossia il Contenuto della tua Landing Page, è estremamente importante per il Punteggio di Qualità, per cui assicurati che sia Rilevante rispetto alle Parole Chiave più importanti.

➢ **ORF**

Non conosciamo nello specifico quei Contenuti secondari che per la Formula del Punteggio di Qualità di Google determinano quel 5%, ma dai nostri Test possiamo dire che **probabilmente molta**

di questa Percentuale è data dall'Ottimizzazione dei tuoi Gruppi di Annunci. Creare Gruppi di Annunci è molto importante, non solo per avere un buon Punteggio di Qualità, ma anche per aumentare l'importanza del Testo del tuo Annuncio rispetto alle tue parole chiave.

Cerca di tenere i tuoi Gruppi di Annunci della grandezza massima di 20/25 parole chiave. Nonostante il Quality Score sia un punteggio particolare dato a una parola chiave, più grande sarà il tuo Gruppo di Annunci, meno mirato diventerà il tuo annuncio singolo e questo farà diminuire il valore del tuo Punteggio di Qualità. Ecco quindi come fare:

SEGRETO n. 29: Crea un Gruppo di Annunci Targhettizzato, con un Massimo di 25 parole chiave per ogni Annuncio, in modo da poter scrivere ogni Testo in maniera Mirata e Rilevante per le Ricerche.

Siamo finalmente giunti al termine della Formula che determina il Punteggio di Qualità, ossia di tutti quei Fattori che hanno un'importanza fondamentale per il Posizionamento dei tuoi

Annunci. Tutti questi Fattori appena menzionati, ossia il tuo Punteggio di Qualità moltiplicato per il tuo CPC (l'Offerta che fai per ogni Click), influenzano la tua Posizione su Google. Questo fa capire, ovviamente, che nonostante la Formula e il Punteggio di Qualità, le tue Offerte restano comunque fondamentali.

È quindi molto importante non fermarci qui, non elencare solo fredde percentuali e Formule Teoriche, ma scendere nei particolari, indicare Strategie precise e soprattutto pratiche per capire come influenzare positivamente la Posizione dei tuoi Annunci.

Questo Capitolo, quindi, non si conclude qui: ho deciso di ampliarlo e approfondirlo ulteriormente con una **NUOVA ESCLUSIVA FORMULA**, proprio per darti altre indicazioni in merito. Anche perché, come per tutti i Campi dell'Internet Marketing, credo che le sole Teorie non portino lontano: ho sperimentato sulla mia pelle quanto sia inutile basarsi solo su queste. Ma è di fondamentale importanza sperimentarle in prima persona per estrapolarne tutte le Strategie Vincenti possibili. Iniziamo subito a farlo, scoprendo per la prima volta in Assoluto la "**Formula della Conversione Perfetta**"!

Questa nuova Formula, che completa quella precedente, analizza come Concetto principale il **PRODOTTO** che stai Vendendo e l'aspetto più importante della tua Attività: il **GUADAGNO**!

Come sicuramente hai orami capito, **l'Obiettivo delle tue Campagne su AdWords è quello di generare Conversioni in Vendite dei tuoi Prodotti**. *In fondo, per quale ragione imposti un Annuncio o hai acquistato questa Guida? Non è proprio per Vendere i tuoi Prodotti e Guadagnare?* Se fino ad ora hai utilizzato AdWords con pochi risultati, con il solo dispendio di Soldi, è arrivato il momento di cambiare rotta. Puoi farlo solo rivedendo i tuoi Obiettivi e rendendoli più specifici.

Se fino ad ora ti sei imposto come unico Obiettivo quello di pagare meno rispetto ai tuoi Concorrenti, ora non ti basta più. Inutile spendere meno degli altri senza però concludere alcuna vendita, perché il risultato è lo stesso: un dispendio economico. Il Prossimo Obiettivo, quindi, è **aumentare le Conversioni. La nuova Formula si basa proprio su questo!**

Quando crei una nuova campagna di annunci, le visite che generi devono aiutarti a raggiungere questo Obiettivo. Ricorda: più le visite saranno di qualità, più probabilità avrai di convertire il visitatore in Acquirente. A questo scopo, assicurati di non pagare troppo queste visite, dato che le spese per il tuo annuncio devono essere minori rispetto alle vendite; dovrai pur guadagnare qualcosa dal tuo Lavoro!

Quando cominci una nuova campagna, è bene fare in modo di **posizionare i tuoi annunci sulla prima pagina** dei risultati di ricerca. Ogni pagina contiene fino a 10 posti destinati agli Annunci Sponsorizzati; quindi le posizioni tra l'1 e il 10 saranno sulla prima pagina e questo porterà più visite. Molti utenti, quando fanno una ricerca, non vanno oltre la prima pagina.

Come fai a sapere in quale posizione si troverà il tuo annuncio? Puoi usare lo **Strumento per la Stima di Traffico** di Google. L'estimatore di visite è uno strumento valido, anche se non è preciso al 100%.

I risultati sono basati sui dati che Google ha raccolto dalle ricerche passate, che sono state fatte in un periodo specifico. Per questa ragione lo Strumento per la Stima di Traffico può essere utilizzato solo come una guida indicativa. Nonostante ciò, rimane un buono strumento da usare, dato che ti aiuterà a stabilire quanto dovrai offrire inizialmente per le tue Parole Chiave.

Dopo aver inserito le parole nel Gruppo di Annunci, la Schermata che ti si presenterà sul Monitor sarà simile a questa.

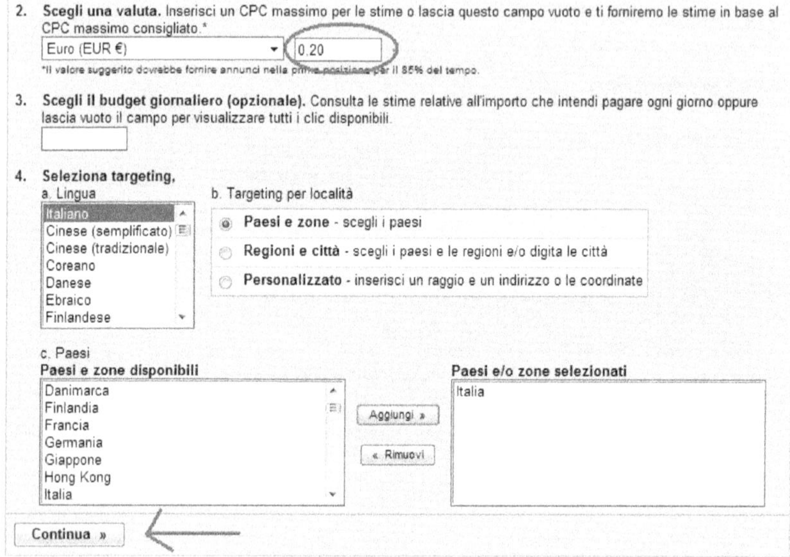

Nella pagina ti verrà chiesto di inserire in una casella il tuo massimo CPC. Dopo aver impostato la tua Offerta indicativa, clicca il Tasto «**Continua**». Ti apparirà una pagina che mostra quanto costa orientativamente ogni parola chiave e le stime medie del CPC e della posizione. Con questo strumento potrai gestire la tua offerta in modo da ottenere più visite possibili al minor costo. Puoi inserire diverse offerte e aggiornare la pagina cliccando sul bottone «**Visualizza Nuove Stime**».

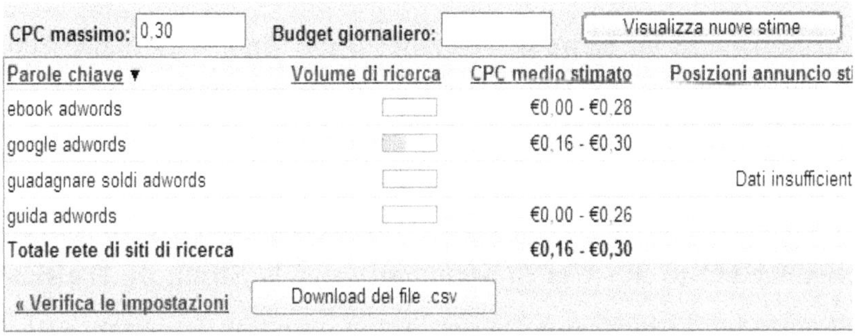

CPC massimo: 0.30 Budget giornaliero: [ ] Visualizza nuove stime

Parole chiave ▾	Volume di ricorca	CPC medio stimato	Posizioni annuncio sti
ebook adwords		€0.00 - €0.28	
google adwords		€0.16 - €0.30	
guadagnare soldi adwords			Dati insufficient
guida adwords		€0.00 - €0.26	
Totale rete di siti di ricerca		**€0,16 - €0,30**	

« Verifica le impostazioni | Download del file .csv

È una buona idea anche selezionare le stime in base ai click ricevuti nell'arco di una giornata. Clicca il link «**Click Stimati/Giorno**» in cima alla colonna. Questo ti farà avere le parole chiave che ottengono il maggior numero di visite in cima all'elenco, così potrai capire dove è meglio investire i tuoi soldi.

Ti consiglio di tenere una posizione media tra 1 e 10, così che i tuoi annunci appaiano nella prima pagina. Per far questo devi ottimizzare la tua offerta massima. Una volta finito, puoi cliccare su «C**ontinua**» e salvare il tuo annuncio. Se non puoi permetterti il prezzo di offerta che ti consente di apparire in prima pagina, puoi sempre impostare il tuo Gruppo di Annunci con un'offerta massima più bassa. Non dimenticarti che con le Strategie contenute nell'eBook e con un alto Punteggio di Qualità riuscirai sicuramente a far salire di Posizioni il tuo Annuncio, anche con bassi Costi, ma ovviamente ci metterai più tempo ad aumentare le visite e i Risultati.

SEGRETO n. 30: Usa lo Strumento per la Stima di Traffico di Google per impostare le tue Offerte iniziali, con l'Obiettivo di far apparire subito il tuo Annuncio nelle prime Posizioni.

È sempre difficile sapere quali parole chiave convertono le visite in vendite, quindi è importante che tu tenga sotto controllo tutte le tue nuove campagne. Appena otterrai dei click, potrai vedere dove investire soldi e quali sono invece le parole chiave che costano troppo e sono inutili. Le visite sono molto importanti, ma se non le converti in vendite non ti renderanno alcun Guadagno. È proprio per questo che ho decifrato il Codice che tutti i venditori su Internet dovrebbero applicare nel loro Lavoro di pubblicità:

«Quando inizi una nuova campagna, devi calcolare quanto puoi guadagnare per ogni singola vendita, tenendo conto della

provvigione che hai sul prodotto che stai pubblicizzando. Una volta calcolata, avrai una linea da seguire. Quando le visite cominciano ad arrivare sul tuo sito, tieni d'occhio i dati della tua campagna AdWords. Cosa ancora più importante, tieni d'occhio i Costi della tua campagna. Se noti che i tuoi costi superano la somma della tua provvigione, dovresti fermare la tua campagna e analizzare la Situazione».

Ad esempio, ipotizza di promuovere, tramite il Programma di Affiliazione di Bruno Editore, l'eBook *Fare Soldi Online con Google*, del costo di 99 € più Iva.

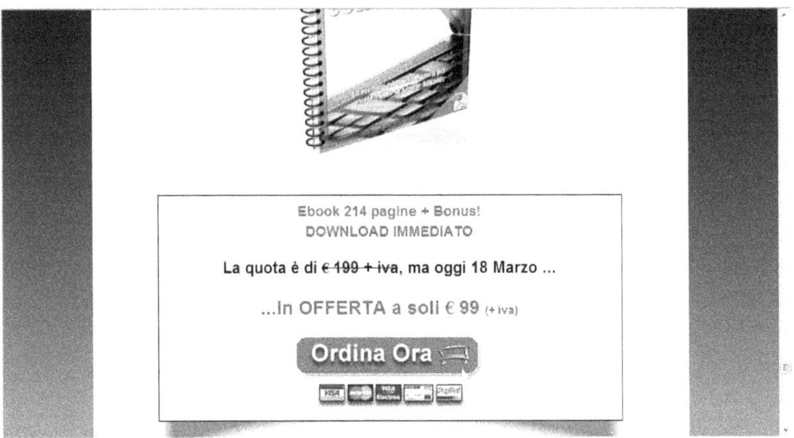

In questo caso, guadagnando il 30% sul Venduto, ottieni circa 30 € di provvigioni per ogni vendita; quindi il massimo che puoi spendere per una campagna senza vendita è proprio 30 €, se non hai fatto cambiamenti o modifiche.

Cosa intendiamo con la Frase «*analizzare la Situazione*»? Puoi guardare la tua campagna pubblicitaria e vedere quanto hai speso. Osserva il costo medio per click, la posizione media e le visite per ogni parola chiave. Potresti notare che una parola chiave ha attirato la stragrande maggioranza delle visite al tuo sito, ma senza risultati. In questo caso potresti **abbassare l'offerta** per questa parola chiave o cancellarla, privilegiando le altre Parole, oppure sostituirla con altre che ti vengono in mente.

Le visite sono un buon segnale, ma se non si convertono in vendite hai bisogno di sistemare il tuo Gruppo di Annunci. Seguire la Strategia sulle Provvigioni che ti ho appena mostrato è un buon modo per testare le tue campagne nel periodo iniziale.

SEGRETO n. 31: Usa la Strategia delle Commissioni: calcola i Guadagni netti ad ogni Vendita del tuo Prodotto per valutare l'andamento delle tue Campagne AdWords.

Noterai che alcune parole chiave e alcuni settori sono più costosi da pubblicizzare rispetto ad altri. Forse ti sei sempre chiesto perché Google ti suggerisce addirittura 1 o 2 € per alcune Parole Chiave, per cui credo ti farà piacere sapere il **motivo** di tutto questo, anche perché nessuno lo ha mai svelato. Ti anticipo che riguarda da vicino la ***Formula della Conversione Perfetta*** che ti ho citato prima.

Devi sapere che alcune parole chiave possono costare più di 1 €, se vuoi avere i tuoi annunci nella prima pagina dei risultati di ricerca. 1 € per click è una cifra veramente altissima, ma spesso dipende molto dal tipo di Prodotto che si sta pubblicizzando o a quanto ammontano le tue provvigioni. Quindi, **non è detto che non potrebbe essere una buona idea pagare così tanto per un click**. Scommetto che ti sembra controproducente quello che hai appena letto, non è vero? E invece non è così!

Prendi, ad esempio, il Mercato Americano di AdWords, che è veramente competitivo su tutte le Parole Chiave. In America parole chiave come "**Real Estate**" ("*Immobili, Compravendite Immobiliari*" e simili), arrivano a costare anche diversi dollari per Click. Il Punto è che gli Inserzionisti (che molte volte sono le stesse Agenzie Immobiliari o chi sta Vendendo Casa), sono ben lieti di Investire cifre del genere per le loro Campagne pur di stare nelle prime posizioni, in quanto sanno molto bene che i Guadagni che si ottengono con un'Intermediazione Immobiliare toccano cifre veramente importanti, per cui è difficile andare in perdita.

Dopotutto AdWords è comunque una Forma Pubblicitaria più economica di quella Televisiva e offre risultati molto più precisi, per cui è normale che determinate Parole siano eccessivamente costose. Ma c'è un altro aspetto sul quale può essere utile Investire qualcosa in più per i propri Click e forse questo ti riguarda da vicino.

Esistono alcuni Prodotti dal valore molto elevato, per cui, anche se le rispettive Percentuali di Guadagno rimangono magari del

30%, il Guadagno è maggiore. In questo caso può valere la pena investire in maniera più **FORTE** per assicurarsi alti Guadagni. Ti faccio un esempio pratico per farti capire bene cosa intendo.

Ipotizziamo che tu stia Vendendo un Prodotto diverso dal solito Oggetto Fisico o da un eBook. Magari ti piacerebbe vendere un **EVENTO LIVE**, come può essere ad esempio un Seminario dal Vivo di Alfio Bardolla o una Sessione di Coaching di Giacomo Bruno. In questo caso, ovviamente, guadagni il 30% sulle Iscrizioni a questi Corsi. Solo che stavolta il 30% equivale a circa **400 €**!

Ovviamente tutte le valutazioni fatte prima dovranno adeguarsi ai nuovi Margini di Guadagno che questi Prodotti riescono a offrirci. In questo caso, infatti, non è più importante il CPC, quanto l'effettivo Potenziale di Guadagno e di Conversione! Anche se acquisti delle Parole Chiave molto competitive e le paghi 1 € ogni Click per essere in prima pagina, ti basterà Convertire **1 Vendita ogni 400 Visite** (1:400) per andare a pareggio (e non è assolutamente impossibile da raggiungere se segui le Strategie riportate in questa Guida). Mentre per iniziare a guadagnare ti basterà aumentare la tua Percentuale di conversione a 1:399.

Se infatti 399 Persone cercano qualcosa di specifico come un Seminario, non è impossibile realizzare una Vendita, anche perché spesso questi Corsi sono molto seguiti. In quest'ottica, avere successo su AdWords significa anche saper spendere in maniera intelligente e accurata, puntando molto sulle proprie **Commissioni di Vendita**.

La cosa importante, quindi, è puntare NON su un determinato Budget, ma concentrarsi sul ***PRODOTTO*** *che stai vendendo.*

Per fare questo puoi usare la seguente **formula della Conversione Perfetta** su AdWords, che finalmente mi accingo a mostrarti. Per prima cosa ecco la Formula che illustra in che modo possiamo arrivare a Pareggio con le nostre Campagne AdWords:

Conversione a pareggio =

Provvigione : CPC

Ecco un esempio:

Guadagno Netto ogni Vendita: **30 €**

Costo medio per click: **€ 0,30**

30 : 0,30 = 100

Conversione a Pareggio: **1: 100 Click**

Conversione Perfetta =

Conversione a pareggio : 2

100 : 2 = 50

Conversione Perfetta 1:50

Quindi, se con 1 vendita ogni 100 click vai a pareggio, allora per avere un guadagno del 100% devi fare una vendita ogni 50 click.

Questa Formula è straordinaria, perché ti consente di capire come sta andando la tua Campagna AdWords, quanto effettivamente ti sta permettendo di Guadagnare e quali sono i Fattori da modificare per migliorare i tuoi Guadagni (ad esempio un CPC più Basso o un Prodotto che ti dia un Margine di Guadagno differente).

Capito il Concetto? **I due Fattori determinanti sono il CPC e il tuo Guadagno ad ogni Vendita.** Da questo puoi calcolare i Profitti delle tue Conversioni.

Nell'esempio sopra riportato, quindi, per pareggiare i tuoi Investimenti devi convertire a 1:100 (1 Vendita su 100 Visite). Qualsiasi percentuale di conversione al di sotto di 1:100 sarà per te fonte di Guadagno. Ovviamente abbiamo calcolato un CPC Medio piuttosto elevato, ma dipenderà **SEMPRE** dal Prodotto che stai Pubblicizzando.

Una campagna di successo su AdWords può facilmente renderti il **100% di utile**, come ti ho indicato all'inizio di questo eBook. In questo esempio pratico dovresti convertire a 1:50 per ottenere il 100% di utile. Usare la Formula della Conversione Perfetta **ti aiuterà a stabilire quanto puoi spendere in media per ogni click** e uno specifico tasso di conversione per avere un Guadagno.

Devi sempre avere come Obiettivo il **maggior numero di click per il minor prezzo possibile,** in modo tale che, quando stimerai le tue visite, potrai iniziare inserendo il prezzo minimo di offerta (ad esempio 0,05 €). Alza il prezzo finché non sei soddisfatto dei risultati stimati di visite e del CPC, ricordandoti che le posizioni da 1 a 10 generano il maggior numero di click.

In che modo queste due Formule possono effettivamente farti risparmiare soldi? È semplice: quando il Tuo Punteggio di Qualità aumenta, la somma di Denaro che effettivamente spendi per ogni click diminuisce e la posizione del tuo annuncio sale. Google premia le persone con un alto Punteggio di Qualità, perché i loro annunci sono molto rilevanti e rendono molto a entrambe le parti (Google e gli inserzionisti).

Sapevi che quando il tuo Punteggio aumenta, puoi effettivamente abbassare il prezzo massimo di offerta e ottenere la stessa posizione nei risultati di ricerca? È un dato di fatto e abbiamo verificato queste tecniche molte volte in passato. Quando inizi una nuova campagna in AdWords, il tuo Punteggio di Qualità è piuttosto basso e se il tuo account non rende il Quality Score rimarrà ancora basso. Google quindi metterà i tuoi annunci nei risultati di ricerca in base al tuo Punteggio di Qualità e all'Offerta massima, ma se e quando il tuo Punteggio aumenterà, potrai abbassare i prezzi del tuo CPC per le parole chiave, mantenendo la stessa posizione.

In questo modo puoi ottenere alte posizioni per il tuo annuncio rispetto ai tuoi Concorrenti e pagare meno per ogni click. Se seguirai le nostre tecniche, aumenterai le tue entrare, diminuirai i tuoi costi per la pubblicità e aumenterai la tua prestazione pubblicitaria.

SEGRETO n. 32: La Formula della Conversione Perfetta ti aiuta a determinare il giusto Investimento da effettuare per ogni singola Campagna Pubblicitaria su AdWords.

In questo Capitolo hai avuto modo di imparare diverse Tecniche fondamentali per l'utilizzo di Google AdWords. Hai visto come **la Formula del Quality Score** si sia evoluta in questi ultimi aggiornamenti di Google e quali sono i fattori che la determinano. Inoltre non ci siamo limitati a una prima Formula, ma ne hai conosciuta una nuova, ancora più interessante, riguardante la **Conversione Perfetta**, ossia l'aspetto forse più importante della tua Attività. Oggi hai infatti un Metro di Giudizio per capire se il tuo Annuncio è più vicino alla Perfezione o al Fallimento. Questo è un aspetto molto importante, perché molti inserzionisti non si rendono conto se il loro Gruppo di Annunci sta rendendo o meno dei Guadagni.

Nella maggioranza dei casi gli inserzionisti inseriscono il loro Annuncio su AdWords, magari lo ottimizzano come meglio credono, e poi lasciano le cose al caso o aspettano passivamente le Vendite.

Dopo qualche mese di Attività, dopo vari Pagamenti versati a Google per i propri Annunci, si prova magari una certa frustrazione, non si riesce a rendersi conto se il Lavoro abbia fruttato dei Guadagni oppure no e si tende ad uscire dal Programma. *È vero, oppure no?*

Oggi invece hai imparato come evitare tutto questo: devi tenere bene in mente prima di tutto il tuo **PRODOTTO**, quello che stai vendendo, e il reale Valore che ha per te o, per meglio dire, quanto ti rende ad ogni Vendita. Questo fa la differenza, perché a seconda del Prezzo, del Valore della tua Provvigione sulle Vendite, puoi regolare i tuoi Costi.

In questo modo sai **PERFETTAMENTE** cosa devi aspettarti dalla tua Campagna, quando eventualmente fare degli interventi o quando invece il tuo Annuncio funziona e si avvicina alla perfezione. Se sei un Affiliato di Bruno Editore ti saranno molto utili le Tabelle di Conversione, che ti permetteranno di capire quali sono i Prodotti che ti rendono un Guadagno Immediato e a lungo termine.

La Classifica **TOP 20 NEWSLETTER,** ad esempio, indica quanti visitatori si iscrivono alla newsletter a partire da determinati prodotti.

CLASSIFICA TOP 20 NEWSLETTER:

Posizione	Prodotto	Conversione
1^	Fare Soldi Online con eBay **(EBOOK)**	**8,49 %**
2^	Seduzione **(VIDEOCORSO)**	**5,14 %**
3^	Negoziazione & Vendita **(VIDEOCORSO)**	**4,90 %**
4^	Lettura Veloce & Memoria **(VIDEOCORSO)**	**4,79 %**
5^	Smettere di Fumare **(VIDEOCORSO)**	**4,61 %**
6^	Public Speaking **(VIDEOCORSO)**	**4,46 %**
7^	Lettura Velice 3X **(EBOOK)**	**4,37 %**
8^	Ipnosi & Relax **(VIDEOCORSO)**	**4,22 %**
9^	Trading Online & Opzioni **(EBOOK)**	**4,10 %**
10^	Dieta 5 Sensi **(EBOOK)**	**4,10 %**
11^	Autostima **(VIDEOCORSO)**	**4,07 %**
12^	L'Abito fa il Monaco **(EBOOK)**	**3,88 %**
13^	Fare Soldi Online con eBay **(LIBRO)**	**3,85 %**
14^	Il Codice di Second Life **(EBOOK)**	**3,84 %**
15^	PNL Segreta **(LIBRO)**	**3,55 %**
16^	Investire in Borsa **(EBOOK)**	**3,49 %**
17^	Comunicazione **(VIDEOCORSO)**	**3,32 %**
18^	Investire in Aste Immobiliari **(EBOOK)**	**3,21 %**
19^	La Borsa dal 1897 al 2030 **(EBOOK)**	**3,14 %**
20^	Guadagnare in Immobili **(EBOOK)**	**2,97 %**

*Iniziamo a studiare per bene questa prima Classifica relativa agli Iscritti in Newsletter, in modo tale da ricavarne quante più **Strategie** possibili.*

Considerazioni Newsletter: la prima cosa che salta subito agli occhi è l'alta percentuale di Conversione. Nel senso che, come puoi vedere dalle percentuali (poi noterai la differenza con la seconda Classifica), un Utente che visita una delle Pagine di Vendita di un Prodotto è più propenso a Iscriversi in Newsletter rispetto all'acquisto diretto.

In media, infatti, le Percentuali di Conversione si assestano attorno al 5% e per alcuni Prodotti la percentuale è addirittura maggiore. Se tieni presente che Bruno Editore ha una Newsletter con oltre 200.000 Iscritti, capirai il perché di queste Percentuali veramente alte.

Puoi notare, inoltre, che chi si iscrive alla Newsletter non ha una particolare preferenza per gli eBook appena usciti, come si potrebbe pensare, ma segue molto quegli InfoProdotti riguardanti la Crescita Personale o Professionale, anche se si tratta di

Videocorsi su Dvd e Audiocorsi in Cd-Rom. Sui primi 12 prodotti, infatti, solo uno riguarda l'aspetto Finanziario (eBay). Ovviamente tieni presente che poi i vari Iscritti potrebbero acquistare **QUALSIASI** Prodotto presente in Bruno Editore, a seconda delle eMail e delle proposte che riceve.

Che significa questo? Significa che potrebbe essere un'ottima Strategia quella di puntare sulle Vendite in Newsletter, facendo iscrivere le persone da quei prodotti che convertono in misura maggiore un visitatore in un Iscritto. Sicuramente non ti saresti aspettato di trovare al secondo posto il Videocorso sulla Seduzione e, come te, la maggioranza degli Affiliati non promuove Prodotti simili, con il risultato di una concorrenza praticamente nulla e strada spianata per te.

Analizziamo ora la Seconda Classifica **TOP 20**, quella relativa alla **Conversione Ordini**, per riuscire a guadagnare in maniera molto veloce sfruttando altre Strategie, altrettanto valide ed efficaci.

CLASSIFICA TOP 20 ORDINI:

Posizione	Prodotto	Conversione
1^	Investire in Aste Immobiliari **(EBOOK)**	**2,17 %**
2^	PNL Segreta **(LIBRO)**	**1,52 %**
3^	L'Abito fa il Monaco **(EBOOK)**	**1,51 %**
4^	Il Codice degli eBook **(EBOOK)**	**1,22 %**
5^	Fare Soldi Online **(VIDEOCORSO)**	**1,22 %**
6^	Marketing Punti & Sconti **(EBOOK)**	**1,06 %**
7^	Trading Online & Opzioni **(EBOOK)**	**0,92 %**
8^	Autostima **(VIDEOCORSO)**	**0,89 %**
9^	Guadagnare in Immobili **(EBOOK)**	**0,89 %**
10^	Seduzione **(LIBRO)**	**0,86 %**
11^	PNL **(AUDIOCORSO)**	**0,85 %**
12^	Il Codice di Second Life **(EBOOK)**	**0,84 %**
13^	PNL Coach **(VIDEOCORSO)**	**0,81 %**
14^	Leadership **(VIDEOCORSO)**	**0,80 %**
15^	Negoziazione & Vendita **(VIDEOCORSO)**	**0,79 %**
16^	Lettura Velice 3X **(EBOOK)**	**0,78 %**
17^	Fare Soldi Online con Google **(EBOOK)**	**0,78 %**
18^	Fare Soldi Online con eBay **(LIBRO)**	**0,77 %**
19^	Lettura Veloce & Memoria **(VIDEOCORSO)**	**0,76 %**
20^	Seduzione **(VIDEOCORSO)**	**0,74 %**

Considerazioni Ordini: anche in questo caso, dare uno sguardo alla classifica permette di fare molte considerazioni che ti saranno utilissime per trarre conclusioni sui migliori Metodi e Strategie da attuare nell'ambito della tua Affiliazione. Questa è una Classifica molto generica, perché si tratta della percentuale di acquisti sulla **TOTALITÀ** dei Click ricevuti.

Si tratta di Prodotti molto venduti, in quanto si avvicinano tutti allo standard dell'1%, ma tieni presente che Bruno Editore ha un numero di visite spropositate rispetto alla Media dei Siti Internet del Settore e che la maggior parte di queste visite vengono dal passaparola di chi cerca guide e lezioni gratuite.

Mentre in genere l'1% si calcola sulla conversione tra pubblicità con AdWords **e pagina di vendita, in questo caso le cifre sono sballate, perché su Bruno Editore** ci sono tanti visitatori "casuali" che non hanno cliccato nessun annuncio. Nonostante questo, le percentuali sono, nella media, dell'1%. Questo significa che con annunci ben fatti e studiati, la conversione REALE è molto più alta, prossima al 2%!

Voglio farti notare che in questa TOP 20 non compaiono molti altri eBook che invece vendono tantissimo (un esempio è l'eBook *La Borsa dal 1897 al 2030*, che ha fatturato oltre 48.000 € solo nella prima settimana di lancio), semplicemente perché hanno un **ENORME** numero di Click ricevuti.

Torniamo alle nostre considerazioni; ci sono infatti almeno altri tre aspetti da notare. Prima di tutto noterai come in questa categoria siano molto più apprezzati gli **eBook** rispetto agli altri InfoProdotti; tra le prime 10 posizioni, infatti, 6 riguardano gli eBook.

Questo però non esenta la Classifica da altre interessanti sorprese; come puoi vedere sono presenti Articoli che sicuramente non ti aspettavi di trovare nelle primissime posizioni, come ad esempio il Libro cartaceo sulla PNL, che è addirittura al Secondo Posto, con una percentuale nettamente superiore all'1%, e l'Audiocorso, sempre di PNL, entrambi articoli che hanno ben poca concorrenza e che puoi sfruttare benissimo per le tue Campagne AdWords.

Altra cosa interessante: la classifica si aggiorna anche in base ai **NUOVI** eBook. Come sicuramente hai notato, infatti, nelle prime 12 Posizioni troviamo 7 Prodotti usciti negli ultimi mesi. Segno, appunto, che in ogni caso vendere Prodotti appena usciti rimane una strategia attuabile che porta numerosi Guadagni.

Perché ti ho voluto mostrare queste Statistiche e queste Strategie? Perché l'Affiliazione di Bruno Editore è oggi lo Strumento migliore per lavorare con AdWords. Non è una delle tante Affiliazioni che ti mette a disposizione un solo Prodotto, un solo Link, che promuovi con un Annuncio su Google e speri di vendere. Qui hai tanti Prodotti, tanti metodi per guadagnare e strategie precise e affidabili con cui aumentare le tue Rendite e renderle Multiple.

Ovviamente la variabile vincente non è solo il Programma di Affiliazione in questione, ma anche il nostro Metodo di Lavoro AdWords. Si tratta quindi di sfruttare quelle Tecniche Segrete che molti ignorano e che impareremo nel Capitolo successivo.

RIEPILOGO DEL GIORNO 5:

- SEGRETO n. 23: Il Punteggio di Qualità è quell'insieme di Fattori che permette a Google di classificare gli Annunci e di determinare la posizione dei Risultati sponsorizzati.
- SEGRETO n. 24: Il Punteggio di Qualità è composto dal CTR + RKA + HKP + CLP + ORF
- SEGRETO n. 25: Il CTR consiste nella Percentuale di Click ricevuti dal tuo Annuncio rispetto alle visualizzazioni Totali. Se il tuo Annuncio è cliccato 5 volte su 100, il CTR sarà del 5%.
- SEGRETO n. 26: L'RKA è la Rilevanza del tuo Annuncio rispetto alle Parole Chiave che stai usando. Per avere maggiore rilevanza cerca di includere nel testo le Parole Chiave stesse.
- SEGRETO n. 27: Il Valore HKP indica le performance passate del tuo Account e quanto successo hai avuto per determinate parole Chiave. Questo ti è molto utile per far scendere il tuo CPC.
- SEGRETO n. 28: Il CLP, ossia il Contenuto della tua Landing Page, è estremamente importante per il Punteggio di

Qualità, per cui assicurati che sia Rilevante rispetto alle Parole Chiave più importanti.

- SEGRETO n. 29: Crea un Gruppo di Annunci Targhettizzato, con un Massimo di 25 parole chiave per ogni Annuncio, in modo da poter scrivere ogni Testo in maniera Mirata e Rilevante per le Ricerche.
- SEGRETO n. 30: Usa lo Strumento per la Stima di Traffico di Google per impostare le tue Offerte iniziali, con l'Obiettivo di far apparire subito il tuo Annuncio nelle prime Posizioni.
- SEGRETO n. 31: Usa la Strategia delle Commissioni: calcola i Guadagni netti ad ogni Vendita del tuo Prodotto per valutare l'andamento delle tue Campagne AdWords.
- SEGRETO n. 32: La Formula della Conversione Perfetta ti aiuta a determinare il giusto Investimento da effettuare per ogni singola Campagna Pubblicitaria su AdWords.

GIORNO 6:
I Segreti di AdWords

Forse il Titolo di questo Capitolo ti sembrerà strano. In fondo abbiamo già avuto modo di vedere diversi Segreti di AdWords, tra i quali una nuova Formula per la capire la Conversione Perfetta, gli aggiornamenti sull'Algoritmo, come battere la Concorrenza spendendo meno degli altri. Queste, ovviamente, sono tutte Informazioni molto utili per il tuo Lavoro di pubblicizzazione, eppure non solo le uniche Strategie che puoi mettere in atto.

Ci sono infatti molti altri aspetti che devi conoscere prima di poterti definire un vero e proprio esperto di Google AdWords, aspetti che difficilmente puoi trovare nei Libri dedicati a questo argomento e se anche li trovassi, di sicuro non sarebbero corredati da esempi pratici, Strategie concrete e Tecniche testate personalmente, cosa che invece questo eBook contiene.

Questi aspetti non sono secondari, anzi, ti permettono di avere una visione ancora più chiara della ***potenzialità di AdWords****.*

Sì, perché se prima abbiamo accennato alla possibilità di avere Visitatori Mirati, Risultati a basso costo e un alto punteggio di Qualità, è anche vero che non è stato approfondito **COME ottenere questi splendidi Obiettivi**. Ti spiegherò come lo puoi fare in questo Capitolo speciale.

Ora che hai confidenza con i prezzi di offerta e sai come calcolare la tua Conversione Perfetta, dobbiamo parlare **delle parole chiave inattive**. Recentemente AdWords ha effettuato alcuni cambiamenti e ha attivato un altro ostacolo con il quale io stesso ho dovuto fare i conti, mio malgrado.

È risaputo che con AdWords è possibile offrire anche il minimo, ossia 0,05 € per click, ma per molti questo comporta l'impostazione della parola chiave su "*inattiva per la ricerca*". Questo significa che il tuo prezzo di offerta non è abbastanza alto per Google da far sì che il tuo annuncio venga disposto tra i risultati di ricerca. Si tratta di un passaggio di solito poco chiaro.

Come mai avviene questo? Perché le regole non sono valide per tutti? Il punto è che Google valuta tutti gli Account di AdWords in maniera diversa, personalizzata, e quindi l'offerta minima per una parola chiave cambia da account ad account.

Questa situazione si deve al fatto che le offerte minime sono stabilite dal tuo Punteggio di Qualità totale e dalla tua cronologia, in altre parole dallo Storico del tuo Account di cui si parlava prima. Se hai sempre avuto un buon CTR e le tue parole chiave e pagine web sono rilevanti per il tuo prodotto, allora il tuo Punteggio sarà alto. Per questa ragione i prezzi minimi di offerta potrebbero essere molto più bassi rispetto a quelli di qualcun altro che ha un account con scarsi risultati.

Se metti in atto le tecniche che vengono spiegate in questo libro, il tuo Quality Score salirà e i prezzi minimi di offerta scenderanno. Questo ovviamente ti permetterà di risparmiare. Personalmente sono in grado di offrire il minimo di 0,05 € per molte Parole Chiave, mentre altri venditori devono pagare fino a 20 o 30 centesimi per attivare il loro account.

È molto semplice fare calcoli e capire che ***pagare meno per click aumenta il tuo utile totale.***

Il Punteggio di Qualità stabilisce i prezzi minimi di offerta per le parole chiave: più alto è il tuo Punteggio, più basso sarà il tuo prezzo minimo di offerta per le tue parole chiave.

SEGRETO n. 33: Lo Storico del tuo Account e il tuo Punteggio di Qualità determinano anche le Offerte minime che puoi impostare per ogni Parola Chiave.

Un altro aspetto fondamentale di Google AdWords è **organizzare e trovare un budget giornaliero che puoi permetterti e che sia ottimale per il tuo Business.** Tutti gli Inserzionisti hanno budget diversi, per questo Google AdWords è uno Strumento fenomenale anche per quanto riguarda la lealtà della concorrenza. Ora sai che **gli annunci di Google sono posizionati secondo il Punteggio di Qualità**, non solo in base al prezzo di offerta. Questo è qualcosa di molto Onesto e Obiettivo! Perché?

Come abbiamo detto prima, anche gli inserzionisti con piccoli budget possono competere con quelli che hanno disponibilità economiche più elevate, basta soltanto applicare le tecniche che consentono di aumentare il Quality Score. Se una parola chiave non ottiene un alto Punteggio di Qualità, allora l'annuncio potrebbe essere stato superato da annunci con migliori risultati.

Detto questo, è importante che imposti il tuo budget a un livello che puoi permetterti. Abbiamo parlato del budget giornaliero all'interno di questa guida, tuttavia dobbiamo parlarne in maniera più dettagliata, perché ci sono Strategie che ti permetteranno di ottenere più visite.

Quando si inizia ad usare Google AdWords, di solito non si bada alla progettazione del proprio budget, ma si tende a inserire un valore a caso, salvo poi pentirsene più avanti. Ora ti insegnerò alcune tecniche che potrebbero esserti molto utili per i tuoi Click, Tecniche che in pochi conoscono e in molti vorrebbero avere.

Se imposti un budget "reale" di 5,00 € al giorno, di solito è perché questa è la somma che sei effettivamente disposto a spendere per ottenere delle visite, non è vero? Purtroppo, però, molti venditori non pensano che, impostando un budget troppo basso, Google non mostrerà gli annunci a ogni ricerca fatta con le loro parole chiave. **Molte volte non raggiungi nemmeno il budget giornaliero se lo imposti troppo basso.** Proprio per questo ti consiglio di **impostare il tuo budget giornaliero di AdWords un po' più alto di quanto vorresti spendere, così che i tuoi annunci vengano mostrati il più possibile nei risultati di ricerca**.

In realtà, viste le tante Tecniche che stai imparando in questa Guida, potresti anche mettere un Budget Illimitato, in quanto non avrebbe senso porre un Limite ai propri Guadagni; però, considerato il fatto che potresti anche essere una Persona del tutto inesperta in questo Settore, preferisco suggerire responsabilmente l'inserimento di un Budget limitato, in modo tale da renderti conto e avere sempre sotto controllo le Spese Massime, specialmente nel periodo iniziale.

Tuttavia c'è una Strategia che funziona molto bene: imposta il tuo budget giornaliero 5 o 10 volte più alto rispetto al tuo budget effettivo. Se sei disposto a spendere, per esempio, 5,00 € al giorno, puoi impostare il tuo budget a 25,00 €. Questo permetterà al tuo annuncio di essere mostrato molte più volte nei risultati di ricerca. Se il tuo budget è troppo basso, i tuoi annunci verranno mostrati raramente e otterrai pochissime visite. AdWords ha anche un calcolatore che di solito ti consiglia il budget giornaliero per le parole chiave che hai scelto. Se **imposti questo budget più alto di 5/10 Volte**, i tuoi annunci verranno mostrati in quasi tutti i risultati di ricerca nell'arco della giornata.

Quando usi questa tecnica, assicurati di tenere sempre sotto controllo il tuo account. Nonostante io, personalmente, non abbia mai avuto problemi nell'impostare un budget 10 Volte più alto rispetto a quello che volevo spendere, in teoria potresti accumulare una spesa eccessiva.

Ti dico in tutta onestà che è quasi impossibile che accada di dover pagare la somma specificata e non ho mai sentito che sia successo, ma penso sia corretto dirtelo, a scopo precauzionale. Per questa ragione, quindi, controlla le tue campagne, specialmente all'inizio. **Non usare questa tecnica con la Rete di Contenuti attiva.**

In precedenza abbiamo parlato di come stimare le visite e posizionare il tuo Annuncio. Ogni volta che crei un Gruppo di Annunci, **ricordati di usare lo Strumento per la Stima di traffico**, per vedere quali parole chiave ottengono maggiori visite. È molto importante monitorare queste parole chiave per assicurarsi che non attirino troppe visite indesiderate.

Nessuno dovrebbe affidarsi ciecamente al budget giornaliero scelto o consigliato. Se avrai successo nelle Vendite del Prodotto che stai vendendo su Internet, dovrai loggarti nei tuoi account più volte ogni giorno per monitorarne l'andamento.

Se stai spendendo troppi soldi su alcune Parole che non ti rendono nulla in termini di vendite, devi abbassare il prezzo di offerta per le parole chiave o prendere in considerazione l'idea di cancellarle. Non c'è niente di peggio che avere una parola chiave che non converte in vendite.

Il budget giornaliero è calcolato su un periodo medio di 30 giorni. Se imposti il tuo budget giornaliero a 5,00 €, potrebbe anche finire che qualche giorno paghi di più; però, dopo un periodo di 30 giorni, AdWords controllerà le tue spese, così da farti pagare in media 5,00 € ogni giorno.

SEGRETO n. 34: Imposta un Budget Giornaliero 5 o 10 Volte più alto di quanto effettivamente vuoi spendere.

Un altro dei Segreti più importanti di AdWords è lo **"Split Test"**. Ne hai mai sentito parlare? Lo split testing è una tecnica che si usa per provare, "*testare*", appunto, quale tra 2 soluzioni sia la migliore.

Lo Split Test non è un concetto nuovo, forse lo hai già applicato in passato senza accorgertene, ma è uno dei metodi più potenti per ottimizzare i tuoi annunci, se fatto sistematicamente. Per fare lo Split test **devi impostare annunci multipli per lo stesso Gruppo di Annunci**. La cosa bella degli annunci multipli è che Google ti fornisce le statistiche per ogni annuncio (CTR, Click e Visualizzazioni). Questo sistema è molto utile, perché ti consente di **mettere a confronto le tecniche di scrittura degli annunci** e di raffinare i tuoi Gruppi per raggiungere il massimo risultato di CTR possibile.

NON Scrivere un Libro
Scrivi un eBook a Costo ZERO
Impara come fare Cliccando Qui
Guadagnare-Soldi.org/Scrivere-eBook

Vuoi Scrivere un Libro?
Oggi puoi farlo a Costo ZERO. Come?
Scarica la Guida x Scrivere eBook
Guadagnare-Soldi.org/Scrivere-Libro

In questo esempio entrambi gli annunci riportano una descrizione simile e il significato è addirittura identico; tuttavia hanno differenti titoli e un diverso Stile di Scrittura.

I dati di questi 2 annunci stabiliranno qual è il più efficace nell'attirare l'attenzione del potenziale acquirente. Per poterlo fare ti basterà cliccare su «**Varianti dell'Annuncio**», Opzione che trovi nel tuo Pannello di Controllo AdWords.

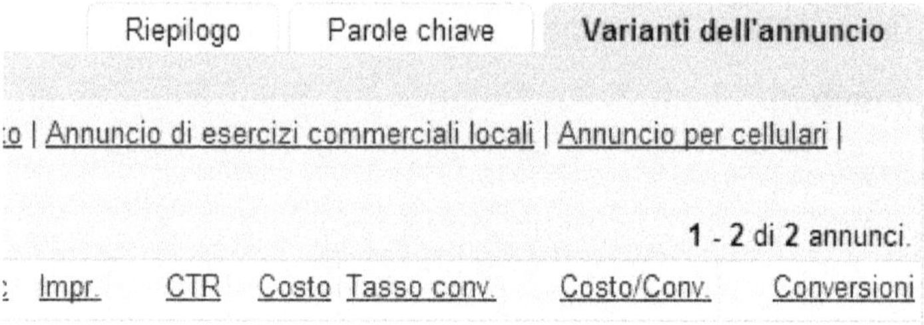

Riepilogo | Parole chiave | **Varianti dell'annuncio**

:o | Annuncio di esercizi commerciali locali | Annuncio per cellulari |

1 - **2** di **2** annunci.

: Impr. CTR Costo Tasso conv. Costo/Conv. Conversioni

Lo Split Test può farti risparmiare tempo e denaro. Personalmente **uso questa Tecnica in TUTTE le mie Campagne**. Infatti se fai caso ai miei Annunci nelle ricerche di Google, aggiornando la Pagina con il Tasto **F5**, noterai che, pur essendo sempre visibile il mio Annuncio per la stessa Parola Chiave, il Testo è leggermente diverso.

Questo ovviamente è un sistema utile per Testare quali sono gli Annunci con migliori risultati e modificare quindi quello con minor CTR. Con questa Tecnica ho subito notato grandi aumenti di Vendite e CTR. Come ho già detto, alti CTR aumentano di molto il tuo Punteggio di Qualità, che a sua volta porta a bassi CPC (costi per click) e ad alte posizioni per il tuo annuncio.

Interessante, no? Ma come si fa in pratica lo Split Test? Ecco DUE Strategie di Split Test molto utili e facili da attuare:

1. **Test per ottimizzare il Testo dell'Annuncio!**

Quando si mette a punto una campagna, è possibile impostare un'opzione che permette a Google di ottimizzare i tuoi annunci. Quando questa opzione è attiva, Google mostrerà quali sono quelli tra i tuoi annunci che danno i migliori risultati di vendita con maggiore frequenza. Ciò significa che hai la possibilità di scrivere più di un annuncio e quello che avrà i migliori risultati sarà mostrato più degli altri, in modo da aumentare anche le tue Visite e Vendite.

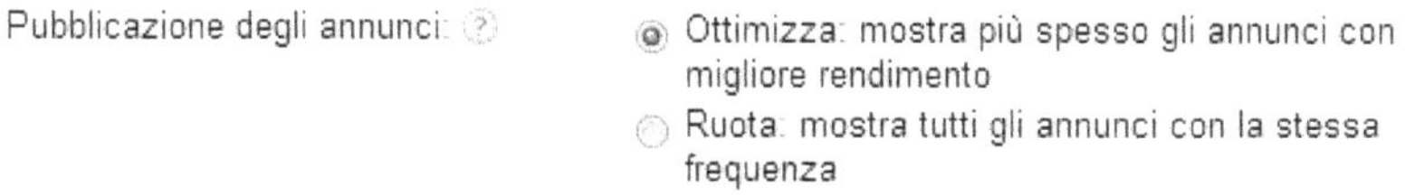

Pubblicazione degli annunci: ?

- Ottimizza: mostra più spesso gli annunci con migliore rendimento
- Ruota: mostra tutti gli annunci con la stessa frequenza

Nell'immagine qui sopra è selezionata la casella che permetterà a Google di ottimizzare il tuo annuncio. Se però il tuo Obiettivo, per un certo periodo di tempo, è quello di fare veramente lo Split test per i tuoi annunci, allo scopo di trovare quale di essi è più efficace, **devi selezionare l'Opzione «RUOTA», in modo tale che i tuoi Annunci vengano mostrati con la stessa frequenza** e che, a pari condizioni, tu possa trovare quello con il miglior rendimento e perfezionare il Secondo. Una Tecnica molto semplice ma allo stesso tempo potentissima!

2. Test per gli Annunci non ottimizzati

Questo è il vero test per il tuo CTR e CPC. *Vuoi sapere quale annuncio è il migliore, qual è riuscito ad abbassare il tuo CPC grazie a un alto Punteggio di Qualità?* Non permettendo a Google di ottimizzare i tuoi annunci, potrai testare quale annuncio sta effettivamente ottenendo i migliori risultati, visto che ogni annuncio viene mostrato in misura uguale. **Di solito devi aspettare di raggiungere circa 200 click prima di vedere effettivamente quale tra gli annunci è il più efficace.**

Entrambe le tecniche possono essere usate per stabilire differenti test. Se vuoi stabilire quale Testo è più efficace, te lo dico nuovamente, devi disabilitare la funzione di ottimizzazione dell'annuncio. La funzione di ottimizzazione dell'annuncio mostrerà, invece, in misura maggiore il tuo annuncio più efficace per i tuoi potenziali clienti e in molto casi aumenterà i tuoi risultati in termini di Vendite.

Entrambe le tecniche possono quindi essere usate per scopi differenti; per questo è di fondamentale importanza che tu capisca la differenza tra l'una e l'altra. Molto venditori lasciano attiva l'ottimizzazione semplicemente perché è l'opzione già prestabilita quando si crea una campagna, mentre altri non conoscono nemmeno il suo significato e lasciano le cose al caso.

SEGRETO n. 35: Fai Split Test con i tuoi Annunci provando almeno due Testi differenti esposti in ugual misura, per poi modificare quello con minori risultati e ottimizzare la tua Campagna.

Un'altra tecnica interessante consiste nell'aggiunta di parole chiave dinamiche; molti inserzionisti di AdWords non la conoscono nemmeno. Questa tecnica permette alle parole chiave di essere dinamicamente inserite nel titolo e nel testo del tuo annuncio.

Se hai un gruppo di parole chiave abbastanza numeroso, è possibile includere **TUTTE queste parole nell'annuncio senza dover scrivere annunci diversi**. In questo modo, qualsiasi Parola il Visitatore stia cercando il tuo Annuncio la riconoscerà e la visualizzerà all'interno del Titolo. Questa è una funzione Straordinaria per il tuo CTR, che in questo modo schizzerà alle stelle! In Parole semplici, la funzione di aggiunta di parole chiave dinamiche ti permette di ottenere un Titolo dinamico di questo tipo (esempio):

"Ebook affiliazione, guida affiliazione, risorsa affiliazione, tecniche affiliazione, programma di affiliazione"

Capisci quanto sia straordinaria questa Tecnica? Qui sopra ci sono alcuni Termini che potresti usare con la funzione di «Aggiunta di parole chiave dinamiche». In questo modo, **qualsiasi cosa stia cercando il Visitatore, la troverà nel TUO Testo di Annuncio**!

Come ti ho detto prima, inoltre, quando qualcuno cerca una particolare parola chiave e il termine di ricerca è contenuto nel tuo annuncio, **tutte le parole chiave sono messe in grassetto**. Questo ha un effetto significativo sul CTR totale dei tuoi annunci e contribuirà a un Punteggio di Qualità più alto.

L'aggiunta di parole dinamiche è una soluzione straordinaria per modificare in modo efficace i tuoi annunci e attirare l'attenzione del visitatore, il quale troverà l'esatta Frase che aveva cercato. Come funziona? Devi scrivere nel **TITOLO** del tuo Annuncio questa Stringa speciale:

{Keyword:Parola Chiave Default}

Nella prima parte della Stringa dovrai inserire esattamente la parola "Keyword", seguita dalla Parola di Default (ad esempio "*Programmi di Affiliazione*"), possibilmente mettendo in **maiuscolo la prima lettera di ogni parola**. A cosa serve la Parola di Default? Serve perché se un utente cerca una frase chiave che è troppo lunga per l'annuncio, verrà mostrato il testo che hai impostato come Predefinito.

Nel nostro esempio, se l'utente cerca con Google la Frase Chiave "*Come Guadagnare da Casa utilizzando i Programmi di Affiliazione*", essendo una Frase troppo lunga, verrà visualizzata sul Titolo del tuo Annuncio la Parola Standard che hai scelto e cioè "*Programmi di Affiliazione*".

{keyword: Affiliazione}?
Guida completamente Gratuita per
guadagnare denaro su Internet.
www.Autostima.net/Affiliazione

Aggiungendo le parole dinamiche, le impostazioni del tuo annuncio appariranno in questo modo. Quando viene fatta una ricerca per una qualsiasi delle parole chiave elencate precedentemente, **gli esatti termini di ricerca verranno visualizzati nel titolo dell'annuncio**. Quindi, se l'Utente cerca su Google: "*Guida Affiliazione*", il Titolo del nostro Annuncio comparirà **ESATTAMENTE** con: **Guida Affiliazione**! Questo sicuramente invoglierà la Persona a cliccare sul tuo Annuncio, non credi? Se invece la ricerca fosse più lunga di 25 caratteri, verrebbe mostrato come titolo predefinito "*Affiliazione*".

L'aggiunta di parole chiave dinamiche è un buon metodo per ottenere un alto CTR, tuttavia è bene specificare che potrebbe avere leggeri effetti negativi sul Punteggio di Qualità totale di un annuncio.

Questa è stata un'altra delle recenti modifiche introdotte da parte di Google, che negli ultimi tempi ha notato l'utilizzo di questa Tecnica da parte di Inserzionisti svogliati, che invece di ottimizzare i loro Gruppi di Annunci ne creavano soltanto uno con centinaia di Parole Chiave e con un semplice Titolo Dinamico. Per questa ragione AdWords assegna oggi agli inserzionisti che usano l'aggiunta di parole chiave dinamiche un Punteggio di Qualità minore.

Tuttavia, come ti ho mostrato con l'Immagine di prima, uso regolarmente la Tecnica delle parole chiave dinamiche e funziona molto bene. Detto ciò, potresti anche decidere di **usare questa Tecnica come TEST**. Infatti, una volta collezionati i dati circa le tue parole chiave più efficaci, potresti decidere di **creare annunci scritti appositamente per queste parole chiave** e rimuoverle dal Gruppo di Annunci in cui hai usato la Tecnica delle parole chiave dinamiche. In questo modo avresti un **duplice aumento del tuo CTR!**

Sono sicuro che starai pensando: «*Sì, forse sarò di poco svantaggiato, ma la Tecnica delle parole chiave dinamiche mi farebbe risparmiare molto tempo*». Sappi però che hai ragione solo in parte. Usando questa Strategia creerai, sì, annunci che otterranno un CTR molto alto, questo è vero, visto che le parole chiave saranno messe in grassetto in ognuno dei tuoi annunci. Tuttavia, quando si tratta del Punteggio di Qualità in totale, **Google non dà punti per gli annunci che usano la tecnica dell'aggiunta di parole chiave dinamiche**, quindi alla fine abbasserai il punteggio totale dei tuoi annunci.

Puoi fare dei Test, come ho fatto io, se vuoi, creando lo stesso identico annuncio con o senza l'aggiunta di parole chiave dinamiche, ma l'annuncio che non le contiene verrà posizionato più in alto nei risultati di ricerca e inoltre otterrai un costo più basso per click.

SEGRETO n. 36: Usa la Tecnica delle Parole Chiave Dinamiche, ma solo per fare dei Test, per poi privilegiare i Gruppi di Annunci maggiormente specifici.

Sono sicuro che stai imparando davvero tanto leggendo questa Guida, non è vero? Per lo meno è quello che mi sono proposto quando ho iniziato a scriverla. Forse alcune di queste Tecniche le conoscevi già o le avevi usate senza un preciso criterio, ora invece sai **PERFETTAMENTE** cosa ti trovi davanti quando utilizzi le varie Opzioni di AdWords e come puoi sfruttarle correttamente per il tuo Lavoro.

Mi rendo conto che questo Capitolo di Approfondimento può risultare molto Tecnico e di difficile comprensione, ma ti incoraggio proprio per questo a prestare la massima attenzione e a leggerlo magari più volte, perché le Strategie qui esposte ti permetteranno davvero di fare la Differenza rispetto alla maggioranza degli Inserzionisti di AdWords.

Un'altra Tecnica poco conosciuta, ad esempio, ma di importanza cruciale per la tua Attività, è quella relativa alle **Parole Chiave a**

Corrispondenza! Forse ne hai già sentito parlare, se sei esperto di AdWords, altrimenti leggi con attenzione le Pagine che seguono perché sono molto importanti.

Conoscere la differenza tra i vari tipi di parole chiave e sapere come usarle può accrescere in modo notevole il tuo Punteggio totale. Lo scopo del ***Codice di AdWords*** è quello di insegnarti come creare campagne pubblicitarie efficaci, che sconfiggano la tua concorrenza. Pagherai meno, otterrai migliori risultati e accrescerai il tuo utile. Pochi venditori sanno come usare in modo efficace le Corrispondenze delle parole chiave. In questa sezione gli esempi saranno utilizzati il più possibile, allo scopo di semplificare la spiegazione delle tecniche. Questo, ovviamente, anche per non appesantire il discorso, che è già fin troppo Tecnico.

La prima cosa che devi conoscere è la definizione delle diverse Corrispondenze che AdWords ti permette di usare per i tuoi Gruppi di Annunci. Ciascuna definizione è molto importante.

Corrispondenza Generica. Questa è l'opzione predefinita. Se includi parole chiave generali o frasi di parole chiave come Ricette per Cucinare nel tuo elenco di parole chiave, i tuoi annunci appariranno quando gli utenti cercano ***Ricette*** e ***Cucinare*** in qualsiasi ordine, anche insieme ad altri termini.

I tuoi annunci verranno automaticamente mostrati per Corrispondenza estesa, inclusi i plurali e le variazioni più significative, che comprendono addirittura i Sinonimi delle tue Parole. Questa Corrispondenza è spesso meno mirata rispetto a quella a frase o esatta.

Corrispondenza a Frase. Se inserisci la tua parola chiave tra virgolette, come ad esempio "ricette per cucinare", il tuo annuncio apparirà quando un utente cerca la frase ***ricette per cucinare*** con le parole in questo preciso ordine. In questo caso la ricerca può anche contenere altri termini, fintanto che include la frase esatta che hai specificato. Per esempio, il tuo annuncio apparirà per la richiesta ***ricette per cucinare*** *dolci*, ma non per ***ricette*** *da* ***cucinare***.

Corrispondenza Esatta. Se metti le tue parole chiave tra parentesi, come ad esempio [ricette per cucinare], i tuoi annunci appariranno quando gli utenti cercano la frase specifica **ricette per cucinare** in quest'ordine e senza altri termini nella ricerca. Per esempio, il tuo annuncio non verrà mostrato per la richiesta **ricette per cucinare** dolci. Apparirà solo in caso di Ricerca ESATTAMENTE uguale alla Frase tra Virgolette.

Corrispondenza Inversa. Se la tua parola chiave è **ricette per cucinare** e aggiungi la parola chiave negativa -dolci, il tuo annuncio non apparirà quando un utente cerca **ricette per cucinare** dolci.

Ci sono ancora molte cose che devi sapere riguardo le opzioni di Corrispondenza delle parole chiave, quindi entriamo nel dettaglio. Usare l'Opzione di Corrispondenza Estesa, Esatta e a Frase per ogni parola chiave o frase nel tuo Gruppo di Annunci, farà crescere notevolmente il tuo CTR e il tuo Punteggio.

Per spiegare questo nel dettaglio, un esempio potrebbe essere: **Parola chiave:** ricette per cucinare. Se usi i tipi di

Corrispondenza Estesa, Esatta e a Frase per questa parola chiave otterrai un alto CTR, perché i risultati che sono calcolati per la parola saranno divisi in 3 opzioni di accoppiamento.

Ricette per cucinare
"Ricette per cucinare"
[Ricette per cucinare]

Se un utente cerca "*comprare ricette per cucinare*", la tua frase con i termini di Corrispondenza a Frase **""** verrà mostrata. A questo punto solo le tue parole chiave accoppiate avranno un risultato calcolato per la ricerca (e si spera anche un click).

Se un utente cerca "*ricette per cucinare*", allora il tuo termine di Corrispondenza esatta **[ ]** verrà mostrato e avrai un risultato calcolato per questa ricerca.

Se un utente cerca "*ricette per cucinare la pasta e un secondo piatto*" il tuo termine di Corrispondenza estesa potrebbe essere mostrato e verrebbe calcolato un risultato.

In base ai 3 esempi citati sopra, sono stati calcolati 3 risultati, uno per ogni opzione di Corrispondenza. Prova a fare un paragone tra questo risultato e l'ipotesi di aver usato solo l'opzione di accoppiamento esteso per le tue parole chiave. In poche Parole, ipotizziamo di non conoscere questa Tecnica, come la maggioranza degli Inserzionisti, del resto.

Usando la stessa parola chiave, ora avresti **3 risultati** per "*ricette per cucinare*". Perché questo è importante? Usare le opzioni di Corrispondenza estesa, a frase ed esatta per ogni parola chiave nel tuo Gruppo di Annunci separa i risultati tra le 3 parole chiave, dando quindi a ogni parola l'opportunità di alzare il CTR. Ottenere CTR più alti (click/risultati) per ogni parola chiave migliorerà il loro risultato generale.

```
ricette per cucinare
"ricette per cucinare"
[ricette per cucinare]
```

In questo esempio abbiamo un'unica parola chiave: ricette per cucinare; ma usando la Corrispondenza estesa, a frase ed esatta,

Google calcola le statistiche per ogni parola chiave in modo separato, quindi dividendo i risultati tra le 3 opzioni di Corrispondenza.

Ogni offerta per la parola chiave e la sua posizione è calcolata separatamente dalle altre parole e **questa tecnica ti permetterà di ottenere posizioni più alte a prezzi più bassi**. Avere un alto CTR aiuta anche il tuo Punteggio generale.

Usa quindi tutti e tre i tipi di Corrispondenza per ogni parola chiave che includi nei tuoi Gruppo di Annunci. Usare questa tecnica aumenterà il tuo CTR. Ti consiglio sempre di usare un massimo di 25 parole chiave uniche per Gruppo di Annunci. Tuttavia, quando usi le opzioni di Corrispondenza estesa, a frase ed esatta finirai con l'avere circa 75 parole chiave. Ovviamente va bene lo stesso, l'importante è **avere solo 25 parole chiave uniche**.

A questo punto potresti pensare: «*Questa Tecnica è veramente Straordinaria, ma ci vuole troppo tempo per inserire a mano le varie Corrispondenze per TUTTE le Parole Chiave*». Hai ragione, inserendo manualmente tutto, il Lavoro si rallenterebbe molto, ed è proprio per questo che ti segnalo un utilissimo Strumento, che è in grado di aumentare dell'80% la Velocità di Immissione delle tue Parole Chiave a Corrispondenza. Si chiama **AdWords Wrapper**, è **GRATUITO** e lo trovi cliccando qui: www.mikes-marketing-tools.com/adwords-wrapper.html

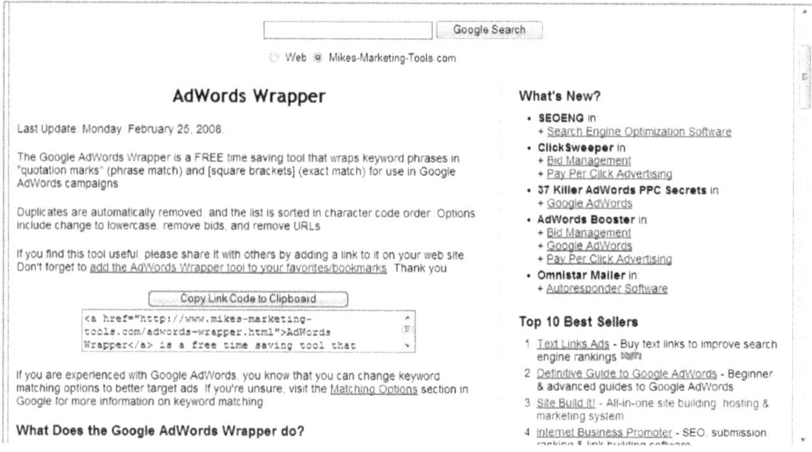

Usarlo è estremamente semplice e non richiede la Conoscenza dell'Inglese, anche se il Sito è in questa Lingua. Ti basterà scrivere nella Casella le Parole Chiave che vuoi inserire nel tuo Gruppo.

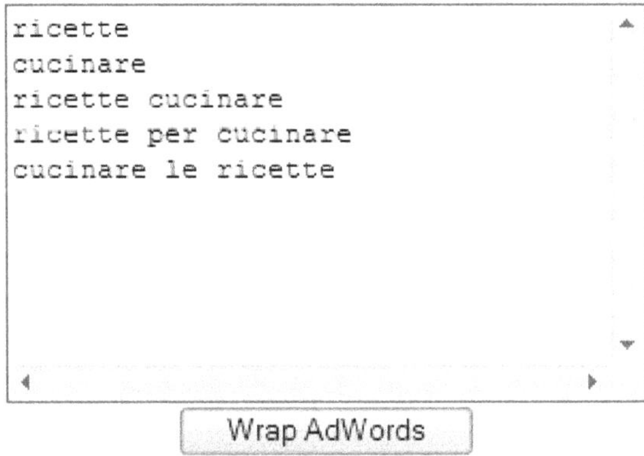

Ora sarà sufficiente cliccare su «**WRAP ADWORDS**» e ti ritroverai nella Schermata che genera le varie Corrispondenze. Qui troverai varie Mini-Schermate divise a seconda della Corrispondenza.

Se ti interessa avere a disposizione tutte e 3 le Corrispondenze possibili, come ti ho suggerito prima, ti basterà copiare il Contenuto della Schermata «**Broad, "Phrase" & [Exact] Match**» cliccando su «**COPY**» e incollando tutto nel tuo Gruppo di Annunci AdWords.

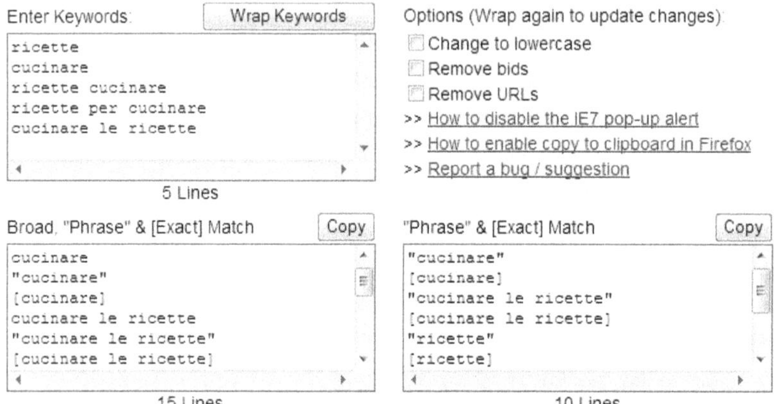

SEGRETO n. 37: Usa le 3 Corrispondenze per tutte le tue Parole Chiave, in modo da aumentare le possibilità di essere trovato e il tuo CTR.

Prima di andare avanti voglio fare un'altra Considerazione sulla **Rete di Contenuti** che ti ho citato prima. Di solito suggerisco di disattivare la Rete di Contenuti, sopratutto quando si è all'inizio. **Lasciarla attiva è il più grande errore** che si possa fare quando si inizia con Google AdWords, dato che il 70-80% delle tue visite arrivano proprio da questa fonte, con il solo risultato di farti spendere troppi soldi.

Tuttavia, se hai già una certa esperienza con AdWords e hai a tua disposizione i dati esatti della tua campagna Pubblicitaria, puoi far leva sulla Rete di Contenuti per accrescere i tuoi Guadagni. Se invece non sei un esperto e ti stai ancora domandando cosa sia la Rete di Contenuti, ti darò una panoramica di come funziona e del perché è una cattiva idea attivarla quando si è agli inizi.

La Rete di Contenuti consiste in un grande Network di Inserzionisti (soprattutto Web Master e Blogger), che mostrano gli annunci di Google (AdSense) nelle loro pagine web. Basandosi sul contenuto delle pagine, Google offrirà gli annunci più mirati.

A prima vista in questo modo dovresti ottenere visite altamente mirate. In Realtà, però, la maggioranza di esse proviene da Siti che fanno **arbitraggio AdSense** e che adottano altre strategie di visite, con bassa qualità e di massa. *Sai in cosa consiste l'Arbitraggio?* Si tratta di comprare Parole Chiave a bassissimo

CPC e costruire gli annunci AdWords in modo che puntino a pagine con annunci AdSense che contengano Parole ad alto CPC. Sfruttando la differenza di CPC (arbitraggio) si realizza l'eventuale Guadagno, che poi dipende molto dal CTR della pagina AdSense e da altre variabili.

Queste visite, ovviamente, non si convertono in vendite, a differenza di quelle che provengono dei network di ricerca, ed è per questo che ho consigliato di disattivare inizialmente la Rete di contenuti, specialmente nella fase di test del prodotto.

Ma esiste una Tecnica che ti permette di Convertire anche con la Rete di Contenuti? Per rendere proficua la Rete di Contenuti, devi trovare un prodotto che ha un alto Margine di Guadagno sugli Investimenti. Se riesci ad ottenere i dati di conversione in vendite delle tue Parole Chiave, avrai la capacità di stabilire quali rendono maggiormente. Puoi quindi usare queste parole chiave per le tue campagne nella Rete di Contenuti a costi per click più bassi.

Detto questo, non è sempre possibile decidere quali parole chiave si convertono in vendite, almeno finché non possiedi un prodotto e non includi i tuoi codici di conversione nelle pagine di vendita. Per fare questo devi utilizzare il Monitoraggio delle Conversioni di AdWords.

Potrai così, tramite un semplice Codice HTML che ti fornirà Google e che dovrai inserire in un'apposita Pagina Web Post-Vendita, Visualizzare con Dati precisi quali Parole Chiave hanno permesso di farti Vendere il tuo Prodotto. Ovviamente questo vale solo nel caso in cui tu venda un Prodotto TUO, tramite un tuo Sito Internet, quindi non in Affiliazione.

Ti basterà cliccare su «**GENERA CODICE PER LA PAGINA DELLE CONVERSIONI**», selezionare «**Acquisto/Vendita**» e Cliccare su «**CONTINUA**»!

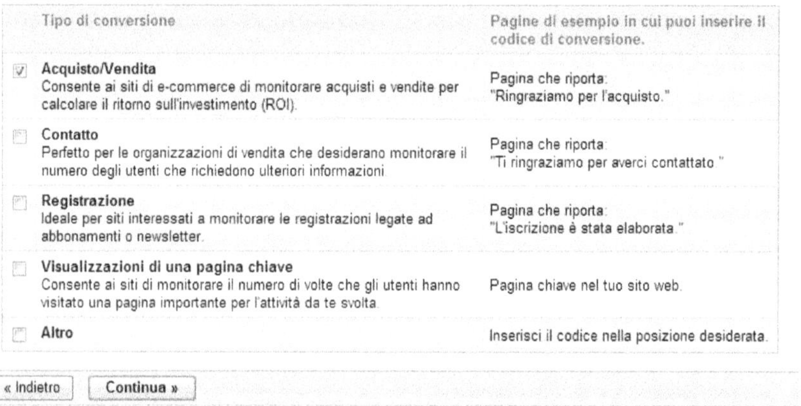

Fatto questo potrai personalizzare come meglio credi il Testo da Inserire nella Pagina di Ringraziamento o di Post-Vendita e copiare il Codice HTML in quella stessa Pagina con un normale Editor HTML.

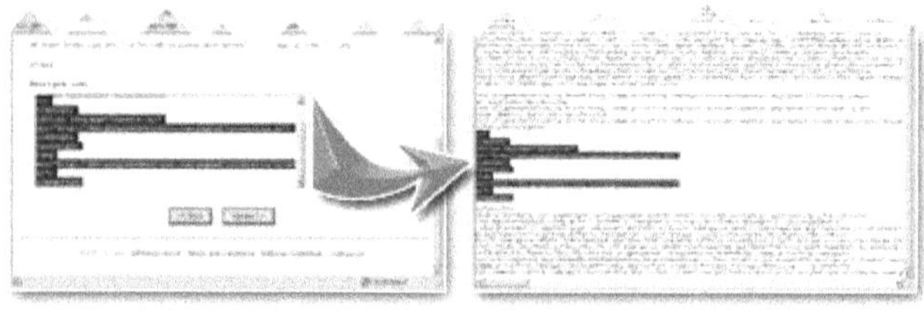

FATTO! Ora hai a disposizione dei Dati di fondamentale importanza, in quanto nel Pannello di Controllo di AdWords, oltre le Normali Statistiche, potrai visualizzare anche la Tabella di Conversione e capire così quali sono le Parole Chiave che hanno generato una Vendita.

SAMPLE. Visualizza i dati di conversione in due nuove colonne nella pagina Riepilogo campagna.

Parola chiave	Stato	Clic	Impr.	CTR	CPC medio	Costo	Posiz. media	Tasso Conv.	Costo/Conv.
fiori	Attiva	3	1.300	1,2%	US$ 0,90	US$ 2,70	6,2	0,0%	-
rose	Attiva	30	2.500	2,7%	US$ 0,40	US$ 12,00	4,4	6,7%	US$ 6,00
violette	Attiva	42	1.550	3,2%	US$ 0,50	US$ 21,00	2,1	2,4%	US$ 21,00
orchidee	Attiva	23	2.600	1,6%	US$ 0,30	US$ 6,90	3,3	4,4%	US$ 6,90

Questa Procedura viene in genere utilizzata dagli Utenti più esperti e sono in pochi ad usarla, ma, come vedi, non è nulla di Complesso e ti dà ulteriori possibilità di Guadagno a lungo Termine. Se invece non sai quali parole chiave si convertono bene o stai promovendo un Prodotto di altri tramite un Programma di Affiliazione, ti suggerisco nuovamente di disattivare la Rete di Contenuti.

Potresti perdere anche centinaia di Euro con la Rete di Contenuti attiva e in molti casi i principianti non lo sanno.

Se scegli di usare la Rete di Contenuti, puoi adottare le stesse tecniche di annuncio che abbiamo già spiegato. Il **fattore Sorpresa,** ad esempio, è ritenuto molto efficace per attirare l'attenzione delle visite dalla Rete di Contenuti.

Novità 2008 sulla Rete di Contenuti: dato che la Rete di Contenuti di Google non è mirata alle visite come Google.it, non convertirà così bene in vendite. Se imposti le tue offerte con lo stesso Criterio delle Ricerche normali, vedrai che i tuoi costi per la pubblicità saranno molto alti e per la maggior parte (70-80%) saranno dovuti proprio alle Visite della Rete di Contenuti, come è successo più volte a me nei tempi iniziali.

08/giu/2007 ▸ Modifica intervallo

Personalizza colonne

Network pubblicitario	Stato	Offerta corrente Massimo CPC	Clic	Impr.	CTR
Google + rete di ricerca ?	Attivato	Predefinito € 0,20 Modifica	12	640	1,87%
Rete di contenuti ?	Attivato		15	79.128	0,01% ?
Totale			27	79.768	0,03%

A causa di questo Problema, Google ha recentemente aggiunto una nuova funzione alla sua Rete di Contenuti, per permetterti di inscrire un'Offerta separatamente. Finché non avrai dei dati significativi di conversione che ti diranno di fare diversamente, non spendere più di 0,10 € per click nella Rete di Contenuti. Se sei nuovo nel settore della vendita su AdWords, evita di usare la Rete di Contenuti finché non prenderai confidenza con Google e con la vendita su Internet in generale.

SEGRETO n. 38: Ricorda sempre di disattivare la Rete di Contenuti, a meno che tu non abbia le esatte Percentuali di Conversione delle tue Parole Chiave o sia già esperto nello scrivere Annunci che attirano l'Attenzione.

RIEPILOGO DEL GIORNO 6:

- SEGRETO n. 33: Lo Storico del tuo Account e il tuo Punteggio di Qualità determinano anche le Offerte minime che puoi impostare per ogni Parola Chiave.
- SEGRETO n. 34: Imposta un Budget Giornaliero 5 o 10 Volte più alto di quanto effettivamente vuoi spendere.
- SEGRETO n. 35: Fai Split Test con i tuoi Annunci provando almeno due Testi differenti esposti in ugual misura, per poi modificare quello con minori risultati e ottimizzare la tua Campagna.
- SEGRETO n. 36: Usa la Tecnica delle Parole Chiave Dinamiche, ma solo per fare dei Test, per poi privilegiare i Gruppi di Annunci maggiormente specifici.
- SEGRETO n. 37: Usa le 3 Corrispondenze per tutte le tue Parole Chiave, in modo da aumentare le possibilità di essere trovato e il tuo CTR.
- SEGRETO n. 38: Ricorda sempre di disattivare la Rete di Contenuti, a meno che tu non abbia le esatte Percentuali di Conversione delle tue Parole Chiave o sia già esperto nello scrivere Annunci che attirano l'Attenzione.

GIORNO 7:
Google SLAP

Cosa Pubblicizzi su AdWords? Un Prodotto tuo? Un Programma di Affiliazione? Qualunque sia la tua risposta, un elemento fondamentale per la buona riuscita della tua Attività Pubblicitaria è **GOOGLE SLAP**! Sai di cosa si tratta? Google SLAP è un nuovo Codice o Algoritmo che è stato introdotto a tua insaputa nelle tua Campagne AdWords. Questo Codice Segreto viene svelato e decifrato, **per la prima volta in Italia**, in questo eBook!

Come ho spiegato in precedenza, i cambiamenti più recenti agli algoritmi di Google AdWords includono la rilevanza della **LANDING PAGE**, o Pagina di Arrivo, per determinare il Punteggio di Qualità. Google ha realizzato questi significativi cambiamenti nelle sue Ricerche Sponsorizzate, perché ha notato che le Ricerche degli utenti si stavano influenzando negativamente a causa della bassa qualità degli Annunci, la maggioranza dei quali erano irrilevanti. In altre parole le Landing Page degli annunci AdWords non erano rilevanti per l'annuncio e per le parole chiave.

È facile capire se sei stato influenzato da questo nuovo Codice SLAP. Il tuo CPC minimo è salito fino a Somme assurde, come ad esempio 10 € a click? Allora sei stato colpito da SLAP! Se hai visto che il tuo CPC minimo è aumentato drasticamente, l'aumento è dovuto al fatto che la tua pagina di arrivo non soddisfa i parametri di **rilevanza**. In teoria non dovresti mai pagare così tanto per un click, dato che è quasi impossibile rendere produttiva una parola chiave a un prezzo alto come questo.

Per risolvere il Problema ed evitare di incappare in Google SLAP, devi seguire passo passo alcune Strategie e creare Landing Page rilevanti. Ultimamente mi sono preso il Tempo per fare tantissime ricerche in questo campo e sono riuscito a scoprire come puoi raggiungere i migliori risultati e avere il CPC più basso possibile.

Mentre leggi le Pagine che seguiranno in quest'ultimo, fantastico Capitolo del nostro percorso AdWords, ricorda che più rilevanti sono le tue parole chiave, i tuoi annunci e le tue Landing Page, più basso sarà il tuo prezzo minimo di offerta.

Per prima cosa **dobbiamo capire COSA STA CAMBIANDO in Google**, quali sono le caratteristiche principali che formano Google AdWords e soprattutto qual è Strategia definitiva per evitare questo problema. Iniziamo!

- **MiniSiti**

Probabilmente questa sarà una cattiva notizia per molti Venditori (lo è stato anche per me quando ho capito che era così), ma Google vede di Cattivo Occhio le Landing Page composte da una Sola Pagina. Quindi è una buona idea includere dei link ad altre pagine nel tuo sito che trattino argomenti comunque rilevanti per il Prodotto che stai pubblicizzando.

Ho testato diverse Landing Page composte da una Singola Pagina e nonostante fossero TUTTE altamente rilevanti e contenessero le parole chiave della ricerca, il CPC minimo non era a un livello accettabile. Google purtroppo vede i siti multipagina come sinonimo di miglior Qualità per il Visitatore e per la sua Ricerca, quindi garantisce a questi siti un Punteggio più alto. Ad Ogni modo non preoccuparti, perché più avanti svelerò la Strategia migliore per ovviare a questo Problema ;-)

- **Titolo e intestazione**

Il titolo e l'intestazione della tua pagina **devono sempre essere altamente rilevanti** per le parole chiave che stai promovendo. Assicurati di aver incluso le parole chiave rilevanti nel titolo e nell'intestazione della tua pagina, perché Google, nel determinare il Punteggio della tua Landing Page, dà molto peso a questo aspetto. Controlla quindi le tue pagine: se nel tuo titolo o nell'intestazione della tua pagina compare qualcosa che non sia collegato alle tue Parole Chiave, ti verrà assegnato un Punteggio di Qualità più basso.

- **Domini rilevanti**

A differenza di un tempo, oggi anche il fatto di avere un Indirizzo Internet (URL) rilevante gioca un ruolo importante nel Punteggio della tua Landing Page. Puoi quindi aumentare il tuo stato attuale se hai il Nome del tuo dominio rilevante. Ovviamente questo non è fattibile se hai un Sito di e-Commerce tramite il quale vendi tantissimi prodotti diversi, di diversi settori; resta il fatto che se vuoi Ottimizzare al Massimo il potenziale della tua campagna, dovrai utilizzare domini rilevanti. Per esempio, se vuoi Pubblicizzare un InfoProdotto come questo eBook, potresti creare un dominio del genere: **www.CodiceAdWords.com** o potresti creare qualcosa che sia **rilevante per il settore**, non proprio per il prodotto: **www.VendereOnline.com**.

Questo ti permetterà di ottenere un Punteggio più alto rispetto a un dominio generico. Più avanti ti mostrerò, in maniera pratica, come puoi utilizzare un Dominio del genere. Se non puoi permetterti di avere diversi domini per ogni prodotto che stai promovendo, va bene lo stesso. L'importanza di avere un nome di dominio rilevante è minima rispetto alle altre Caratteristiche, ma per correttezza mi sembrava giusto specificarlo.

- **Densità di parole chiave**

Avere una densità di parole chiave **CENTRALE** del 2-5% rispetto al Testo totale del tuo Sito, avrà un'importanza Strategica per evitare di incorrere in Google SLAP. Una parola chiave centrale è di solito una parola chiave (o una frase) altamente rilevante, quella, in pratica, che rispecchia il principale argomento della tua pagina per Google. Per esempio, se stai pubblicizzando sul tuo sito la parola chiave "*ebook google adwords*", dovrai avere la stessa frase ("*ebook google adwords*") nella tua Landing Page con una Frequenza del 2-5%.

Sono disponibili diversi strumenti gratuiti per controllare la densità della tua parola chiave; personalmente ti suggerisco questo: http://www.tuttowebmaster.eu/seo/checkup-sito.php

Ti basta scrivere l'URL del tuo Sito, spuntare la Casella «**Controlla keyword density**» e otterrai delle precise Statistiche per le tue Parole Chiave.

Totale parole*: **215**

- Parole ottimizzate, con densità tra il 2% e 5% del totale della pagina: 6 OK
- Keyword stuffing: OK - **non sussiste**
- Parole ottimizzate nel tag Title: 4 OK
- Parole ottimizzate nel meta tag Description: 4 OK
- Parole ottimizzate nel meta tag keywords: 5 OK

Rating:

« Torna

Parola	Quantità	Densità	Nel tag Title	Description	Keywords
affiliazione	9	4.19%	**Si**	**Si**	**Si**
ebook	8	3.72%	**Si**	**Si**	**Si**
guadagnare	7	3.26%	**Si**	**Si**	**Si**
tuo	6	2.79%	No	No	No
programma	5	2.33%	**Si**	**Si**	No
infoprodotti	5	2.33%	No	**Si**	**Si**

Ovviamente, anche includere del testo rilevante è molto importante per ottenere un alto Punteggio per la tua Landing Page. Se stai pubblicizzando la parola chiave "*ebook google adwords*" e mandi il tuo visitatore alla tua pagina che contiene delle Informazioni su *Il Codice di AdWords*, così come "*Google AdWords, fare soldi online, internet marketing*" e simili, Google stabilirà che la tua pagina è rilevante.

- **Creare una nuova campagna**

Se Google ha aumentato il tuo CPC fino ad arrivare a costi esorbitanti, la campagna è definita come "irrilevante". Questo significa che **qualsiasi cambiamento tu faccia per migliorare la rilevanza della tua Landing Page, non sarai in grado di ottenere un CPC più basso**.

Per abbassare il CPC, l'unica Soluzione, probabilmente, sarà quella di ricreare la tua campagna con un nuovo nome e fermare o cancellare quella vecchia. Questa operazione cancellerà il Punteggio negativo della vecchia campagna e ti permetterà di cominciare con una campagna nuova. È importante sapere che, tuttavia, non sempre funziona (ricordati che Google fa uno Storico del tuo Account), ma potrebbe essere un primo tentativo da fare prima di mettere in atto altri cambiamenti più drastici.

- **L'URL di Visualizzazione deve Corrispondere a quello di Destinazione**

Se sei stato influenzato dall'ultimo SLAP di Google e stai vedendo prezzi di offerta minimi assurdi, potrebbe dipendere dal tuo URL di Destinazione. Recentemente Google ha modificato le Carte in tavola, anche sotto questo punto di vista, indicando che:

«L'URL di visualizzazione deve corrispondere perfettamente all'URL del sito web che pubblicizzi» e che: *«L'URL di visualizzazione dovrebbe corrispondere al dominio della pagina di destinazione, in modo che gli utenti sappiano a quale sito verranno collegati facendo clic sull'annuncio».*

In realtà non sono state apportate grandi modifiche a quello che è sempre stato, in effetti, il Regolamento di Google, ma è pur vero che dovrai fare una maggiore attenzione a questo aspetto. Non potrai indicare come URL di Destinazione, ad esempio, **Bruno Editore**, se quello di Visualizzazione punta a un Sito esterno come **FareSoldionline.net**.

Puoi però, com'è sempre stato concesso, inserire come URL di Destinazione **Bruno Editore** SE il tuo URL di Visualizzazione, ad esempio **IlCodice.net,** effettivamente reindirizza alla Pagina **Bruno Editore** e quindi i Contenuti sono in linea con il tuo Annuncio.

SEGRETO n. 39: Il nuovo Algoritmo di Google (SLAP) identifica la Qualità delle tue Landing Page.

Da questo primo, fondamentale argomento di questo Capitolo hai capito che il Fattore determinante di Google SLAP è la Pagina di Arrivo (Landing Page), quella dove l'Utente si troverà una volta che avrà cliccato sul tuo Annuncio. Potrebbe sembrare un aspetto secondario; dopotutto, una volta cliccato sull'Annuncio il gioco è fatto!

Ovviamente le cose non stanno così, anche perché non dimenticare che l'Obiettivo delle tue Campagne su Google AdWords non è fine a se stesso: avere un CTR del 20% non ti servirà a nulla se poi la tua Pagina di Arrivo non riesce a vendere. Per cui quello della Landing Page, anche se spesso sottovalutato, è uno dei punti cruciali e come tale va curato con la massima attenzione, anche per non incappare in Google SLAP.

Esistono DUE Strategie per lavorare su AdWords senza incappare in Google SLAP e le esamineremo nel dettaglio nelle Pagine che seguono!

1 - LINK DIRETTO

Se stai utilizzando AdWords per Vendere Prodotti di altri tramite un Programma di Affiliazione, puoi comunque utilizzare AdWords senza incorrere in SLAP. Com'è possibile questo se nella maggioranza dei casi bisogna rimandare alla Pagina del Commerciante? Vediamo!

Di solito come lavora un Affiliato su AdWords? È molto semplice: usa la Strategia del **LINK DIRETTO**! In pratica mette un Annuncio su AdWords relativo al Prodotto che sta vendendo, ad esempio un Profumo. Quando l'Utente cerca la parola "*Profumo*" su Google, visualizza l'Annuncio sponsorizzato dall'Affiliato in questione, clicca e viene reindirizzato (tramite il Link di Affiliazione) al Sito Ufficiale del Commerciante di Profumi, meglio ancora nella **Pagina Specifica di acquisto relativa all'esatto Profumo** che stava cercando.

In questo modo potrai utilizzare questa Pagina come una vera e propria Landing Page e del resto sarà anche Rilevante al 100%, visto che tratta proprio il Prodotto in questione.

Sono sicuro che, se hai un minimo di esperienza con i Programmi di Affiliazione e di AdWords, hai già usato questa Tecnica. Sebbene questo possa essere un metodo veloce ed efficace per ottenere visite e potenziali vendite, questa strategia presenta diversi lati negativi. Se non hai confidenza con il Link diretto e le varie Landing Page, assicurati di leggere bene questa sezione, perché ti fornirò alcune Strategie molto interessanti per migliorare le tue Performance di Vendita.

Quando utilizzi un link diretto, mandi visite direttamente al Sito del tuo commerciante (o Sito di Affiliazione) tramite il tuo annuncio sponsorizzato da Google. Per esempio, se sei Iscritto al Programma di Affiliazione di Bruno Editore, il primo in Italia con oltre 4.300 Iscritti e più di 80 InfoProdotti disponibili, e stai promovendo questo eBook, *Il Codice di AdWords*, il Link di destinazione del tuo Annuncio sarà simile a questo:

www.autostima.net/shopping/prodotto.php?id_prodotto=179 &pp=TUOCODICE.

Il link diretto è la Strategia più veloce che hai a disposizione per impostare una campagna in AdWords; puoi infatti impostare una campagna e farla funzionare in pochi minuti. Questo sembra un aspetto Positivo, ma ci sono molti svantaggi nel link diretto e devi prenderli in considerazione se vuoi utilizzare questa strategia.

Google non permette URL multipli sotto lo stesso termine di ricerca.

Devi sapere che il Programma di Google AdWords, nel suo Regolamento, **VIETA** espressamente la "Doppia Pubblicazione", cioè la pubblicazione di più Annunci che utilizzino lo stesso Indirizzo (URL).

Centro assistenza

Guida di Google > Home page > Informazioni generali sull'account > Norme e requisiti per gli annunci

Che cosa stabilisce il regolamento sulla doppia pubblicazione?

Per fornire ai nostri utenti e inserzionisti il miglior servizio pubblicitario oggi disponibile non consentiamo la pubblicazione di più annunci di un'azienda o di un privato nella stessa pagina di contenuti o di ricerca. Riteniamo che le pagine con più annunci della stessa azienda offrano risultati meno pertinenti e un servizio di qualità inferiore per i nostri utenti. Nel corso del tempo, incidono negativamente sulle prestazioni per l'inserzionista anche più annunci provenienti dalla stessa fonte, con conseguente riduzione del ritorno sull'investimento.

Agli inserzionisti non è concesso gestire più account relativi alla stessa attività economica o parole chiave. Quando rileviamo che un account non è conforme alle nostre norme sulla doppia pubblicazione, impediamo la pubblicazione di più annunci per una determinata ricerca.

Questo potrebbe rappresentare un serio problema per l'Affiliato, nel caso utilizzi AdWords con la Tecnica che ti ho descritto prima (quindi con il Link Diretto). Se c'è troppa concorrenza e hai un'Offerta minore degli altri Inserzionisti, rischi di non vedere Pubblicato il tuo Annuncio per quella relativa Parola Chiave.

C'è da sottolineare, comunque, che con il Programma di Affiliazione di Bruno Editore questo problema specifico non sussiste e puoi benissimo usare la Strategia del **Link Diretto** senza pericoli di Sospensione. Vediamo com'è possibile. Vai al LogIn: http://www.autostima.net/partner/form.php.

Inserisci i tuoi dati e accedi al tuo Pannello di Controllo. Dopo essere entrato, clicca sui **LINK** che hai a tua disposizione. Da questa schermata, cliccando su «**ALTRI DOMINI**», puoi notare un aspetto molto interessante:

- Ebook Il Codice di Autostima.net: Domini Alternativi

Puoi usarne uno qualsiasi!

http://www.ilcodice.net/?id=123&pp=30938

http://www.videocorsi.org/?id=123&pp=30938

http://www.dieta-peso.net/?id=123&pp=30938

http://www.apprendimentorapido.net/?id=123&pp=30938

http://www.guadagnare-online-blog-minisiti.net/?id=123&pp=30938

http://www.seduzione.net/?id=123&pp=30938

http://www.faresoldionlinecongoogle.net/?id=123&pp=30938

http://www.faresoldionlineconebay.net/?id=123&pp=30938

http://www.faresoldionlinein7giorni.net/?id=123&pp=30938

http://www.pnl-segreta.net/?id=123&pp=30938

http://www.freeperclick.net/?id=123&pp=30938

Bruno Editore, per quasi **TUTTI** i suoi Prodotti, ha registrato un Dominio differente. Questo è un Segreto importantissimo per il tuo Business su AdWords: puoi usare una Combinazione quasi Infinita di Domini per qualsiasi Prodotto tu voglia Vendere!

Ad esempio, il MiniSito che vende *Il Codice dell'Affiliazione* è:

Ebook Il Codice di Autostima.net

http://www.autostima.net/shopping/prodotto.php?id_prodotto=123&pp=30938

Il numero Oggetto (ID) di questo Prodotto è **123**. Che succede se un altro Affiliato utilizza questo stesso Indirizzo Internet? I tuoi annunci sarebbero disapprovati e non potresti lavorare. Ecco quindi il Segreto: cliccando su «**Domini Alternativi**», puoi tranquillamente usare un altro link per i tuoi Annunci. Attualmente ci sono più di 40 Domini Registrati e puoi utilizzare ognuno di essi per **TUTTI** i Prodotti che vuoi Promuovere (anche Dvd, Libri e Cd).

Questo Segreto è **STRAORDINARIO**, ti permette di avere una possibilità pressoché infinita di Link a disposizione ed evita problemi inutili con altri Affiliati, ma in particolar modo con AdWords e il nuovo SLAP.

Suggerimento: Anche se puoi utilizzare tranquillamente tutti questi domini per i Prodotti del Catalogo, cerca comunque di usarli con criterio. Se, ad esempio, stai promovendo il Videocorso *PNL Coach* e non vuoi/puoi usare il Dominio "coach-pnl.net" perché è già usato da altri affiliati su AdWords, non avrebbe molto senso usare "ipnosi-relax.net", perché è poco in tema, inoltre perderesti la possibilità di inserire importanti Keyword negli Annunci Pubblicitari di Google. È meglio, quindi, sfruttare altri Domini come "pnl-comunicazione.net" o "corsi-pnl.org", che sono comunque in Tema con l'argomento del Prodotto, oltre al fatto che potrai inserire la Parola **PNL** nell'URL.

SEGRETO n. 40: Usa la Strategia del Link Diretto solo se stai usando il Programma di Affiliazione di Bruno Editore con i suoi Sotto-Domini, altrimenti rischi di non vedere Pubblicato il tuo Annuncio.

C'è un'altra considerazione da fare per la Strategia del **Link Diretto**. L'Utente medio di oggi è più esigente che mai. Si informa, vuole mettere a confronto i prodotti prima di acquistarli e vuole avere quello con il miglior rapporto qualità/prezzo. Il link diretto non ti dà la possibilità di avvantaggiarti del **confronto tra prodotti**.

Questo è uno dei motivi per cui il link diretto converte meno in Vendite e quindi produce un minore guadagno. Perché, lo ripeto, non ti dà l'opportunità di pubblicizzare diversi prodotti, sei obbligato a basarti sulle Pagine di vendita del commerciante e non dai la Possibilità di **SCELTA** al Visitatore.

Il link diretto, in poche parole, **non permette di sfruttare una pagina intermedia di prevendita**. Nel momento in cui lo utilizzi, ti metti completamente nelle mani del commerciante, confidando nel fatto che ha un buon Sito di vendite. Se usi un Programma di Affiliazione affidabile e famoso, come quello di Bruno Editore o di eBay, dove sai già che le Conversioni sono molto alte, va anche bene, ma se non è così il sito non convertirà in vendite e potresti perdere soldi.

Questo vale soprattutto se stai vendendo qualche Prodotto Fisico, Tradizionale. In questo caso la maggior parte dei Siti di E-commerce, per quanto strano possa sembrare, non hanno dei Contenuti ottimizzati alla Vendita, si affidano solo ed esclusivamente ai loro Prodotti, ma non alle **STRATEGIE** e alla **PERSUASIONE all'acquisto**. Questo può influenzare negativamente il tuo Lavoro. È sempre meglio creare una **TUA** pagina di arrivo (Landing Page), in modo che i tuoi Visitatori possano vedere i tuoi Contenuti di Qualità prima di visitare il sito del commerciante. È una tecnica che io stesso ho provato molte volte per produrre alte conversioni in vendite.

Quali sono i benefici dell'avere una Pagina di Arrivo Personalizzata? *Scopriamoli!*

2 – LANDING PAGE PERSONALIZZATA

Una Landing Page Personalizzata non solo evita alla Perfezione il Pericolo di Google SLAP, ma ti permette anche di fare Prevendita! La prevendita è un'ottima Strategia per mettersi in contatto con un utente e aumentare le potenzialità di acquisto. Con il link diretto questa opportunità non esiste, quindi utilizzandolo limiteresti il tuo potenziale di vendita.

Inoltre, tieni presente che potrai avere delle Statistiche Precise sul tuo Lavoro! Come ti ho spiegato prima, se usi il Link Diretto e non hai il codice HTML che identifica la conversione di Google, non avrai la possibilità di raccogliere alcun dato sulle Visite e gli Accessi al tuo Sito.

Quando invece hai la tua pagina, o Landing Page, potrai raccogliere questi dati attraverso un semplice Contatore o tramite altri strumenti che analizzano traffico e Conversioni. Senza contare che, avendo una Pagina di Arrivo personalizzata, potrai gestire personalmente tutti quegli aspetti che determinano l'Alta Qualità che Google richiede con il suo nuovo Algoritmo.

Quando è invece opportuno usare il link diretto? Per trovare la risposta esatta a questa domanda, l'unica soluzione è **TESTARE**. Il link diretto ti permette di impostare velocemente una campagna AdWords e di ottenere subito dei riscontri per un prodotto o un settore specifico, senza l'impegno aggiuntivo di creare una pagina o una tua Landing Page.

In definitiva il link diretto **può essere utile nel Periodo iniziale della tua Pubblicità**, per capire quali sono le reali prospettive di Guadagno e se vale la pena approfondire con una tua Pagina Web. Ti consiglio di usarlo soprattutto se stai iniziando a lavorare con il Programma di Affiliazione di Bruno Editore! Perché?

Perché, a differenza di QUALSIASI altra Affiliazione in Italia, potrai ottenere un grandissimo numero di Visite senza il rischio di incorrere nella "Doppia Pubblicazione", quindi di violare il Regolamento, cosa che il Link Diretto presuppone per gli altri Programmi di Affiliazione.

Inoltre il Programma di Affiliazione di Bruno Editore ti fornisce un Pannello di Controllo in tempo Reale con tutte le Statistiche che ti servono: numero di Click, di Vendite e Percentuale di Conversione.

Statistiche Febbraio 2008

Come AFFILIATO hai generato 2.767 click, 97 iscritti in newsletter, 25 ordini:

#	Data	Ordine	Prodotti	Stato	€uro
25	28/02/2008	15456	Ebook Penso Positivo	archiviato	**€ 14,70**
24	27/02/2008	15442	Ebook Il Codice degli Ebook	archiviato	**€ 14,70**
23	26/02/2008	15414	Ebook Penso Positivo	archiviato	**€ 14,70**
22	24/02/2008	15301	Ebook Progetto Azienda	archiviato	**€ 29,70**
21	23/02/2008	15270	Ebook Le Chiavi del Marketing Multilivello	archiviato	**€ 14,70**
20	23/02/2008	15263	Ebook Fare Soldi Online con Blog e MiniSiti	archiviato	**€ 29,70**
19	22/02/2008	15233	Ebook Fare Soldi Online in 7 giorni	archiviato	**€ 29,70**
18	21/02/2008	15205	Ebook Fare Soldi Online con Ebay	archiviato	**€ 29,70**
17	21/02/2008	15203	Ebook Web Design 2.0	archiviato	**€ 14,70**
16	19/02/2008	15143	Ebook Fare Soldi Online con Blog e MiniSiti	archiviato	**€ 29,70**
15	18/02/2008	15094	Ebook Investire in Borsa	archiviato	**€ 29,70**
14	16/02/2008	15039	Ebook Vendi Casa da Solo	archiviato	**€ 14,70**
13	15/02/2008	15033	Ebook Fare Soldi Online con Ebay	archiviato	**€ 29,70**

Una buona idea può essere quella di usare il link diretto quando vuoi Vendere un nuovo eBook in uscita nel Sito, che non hai mai Pubblicizzato e per il quale, quindi, non hai precise Statistiche di Vendita. È vero, forse non avrai elevate conversioni usando questa tecnica, ma ti ho consigliato Bruno Editore perché, a differenza degli altri Programmi di Affiliazione, puoi Guadagnare anche a **LUNGO TERMINE**, sia con gli Iscritti in Newsletter che con i Sotto-Affiliati.

Questo innovativo Programma di Affiliazione, a differenza degli altri, non registra solo i tuoi Click e le tue vendite, ma anche tutte quelle persone che si ISCRIVONO ALLA NEWSLETTER.

Metodo "Affiliazione Autostima.net"

Fai Pubblicità su Adwords o dal tuo Sito Web o Blog — I clienti si iscrivono GRATIS alla newsletter di Autostima.net — Ricevono email di offerte e comprano tra oltre 50 prodotti

TU guadagni il 30% su TUTTI i clienti su TUTTI i prodotti per SEMPRE!

Così 1 compra subito, gli altri si iscrivono in newsletter e comprano domani, tra 1 settimana, tra 1 mese, tra 1 anno o tra 10 anni. E TU guadagni SEMPRE!

Considera questo: se una persona entra nel tuo Sito, dove promuovi, magari, l'eBook sul Guadagno online, e si registra, per te è comunque un affare. Perché magari, quando poi riceve un'eMail da parte di Bruno Editore relativa, ad esempio, a un Videocorso sul Miglioramento Professionale, è interessata e **acquista il Prodotto, anche a distanza di tempo, e tu ricevi comunque la tua Commissione.**

Con questo Metodo *non ti devi nemmeno preoccupare per l'uso di AdWords nel caso di mancato profitto iniziale*, in quanto, come hai appena visto, in Bruno Editore sono registrati anche gli Iscritti alle Newsletter. Ciò significa che se il Cliente acquista direttamente dal link dell'eMail, anche nei Mesi successivi, tu ricevi la tua Commissione, ammortizzando le spese pubblicitarie iniziali. Ovviamente, però, dopo aver realizzato le prime vendite e le Iscrizioni in Newsletter con un prodotto di Bruno Editore grazie al link diretto, ti consiglio sempre di creare una tua pagina o una tua Landing Page personalizzata, in modo da poter vendere più prodotti e aumentare il tuo profitto.

SEGRETO n. 41: Usa la Strategia del Link Diretto con i NUOVI eBook di Bruno Editore, in modo da testare i tuoi Risultati e in seguito aumentare i Guadagni con una tua Landing Page.

Come puoi creare una Landing Page che Venda ancora di più con la tua Campagna AdWords?

Ti dico subito che sono veramente in pochi ad attuare questa Strategia, che funziona davvero molto bene, soprattutto per gli

InfoProdotti. Se crei un Sito Personalizzato, dove proponi in un'unica Pagina **PIÙ** di un eBook su un determinato Argomento, hai altissime probabilità di Vendita. Ti faccio un esempio di come creare una Landing Page efficace per la Vendita **MULTIPLA** di vari InfoProdotti dello stesso Argomento, che potrai mettere a Confronto.

Il Segreto è quello di creare una Mini Pagina in cui, con Parole **TUE** (è importante questo aspetto), introduci l'Argomento e fai una breve recensione dei due o tre Prodotti che hai Testato Personalmente o che conosci, consigliando anche quello che secondo te è il migliore.

Guadagnare Soldi con Google AdWords!

Caro Amico,

Benvenuto nel mio Sito. Se sei qui è perché molto probabilmente hai sentito su Internet l'opportunità di Fare Soldi con Internet con gli Strumenti che Google ci mette a disposizione. Peccato però che le Informazioni al riguardo siamo molto frammentarie su Internet, si trova poco o nulla di specifico, e spesso le varie Guide sull'Argomento non fanno altro che contraddirsi a vicenda. Ho provato e Testato per te tutte le varie Guide, eBook e libri sull'Argomento AdWords ed ho isolato i tre Prodotti che maggiormente possono fare al caso tuo, a seconda del tuo Livello di Conoscenza e dei tuoi Obiettivi. Valuta subito il Prodotto che fa per TE!

#1 Primo Prodotto	#2 Secondo Prodotto	#3 Terzo Prodotto
Il Codice di Google AdWords **Qualità:** Tecnica **Supporto:** eBook in PDF **Recommendazione:** Ottimo per un Livello Avanzato	Fare Soldi con Google **Qualità:** Motivazionale **Supporto:** Libro Carteceo **Recommendazione:** Va bene per tutti i Livelli Avanzati	Fare Soldi Online **Qualità:** Accessibile **Supporto:** Video Corso in DVD **Raccommandazione:** Straordinario per i Neofiti
Recensione:	**Recensione:**	**Recensione:**
Questo Libro in formato elettronico (eBook) spiega nello specifico gli ultimi	Ho imparato molto da questo Libro. Svelata la Formula Segreta che Google calcola per	Quando ero agli inizi del Guadagno Online, questo Video Corso mi ha letteralmente

Come puoi notare, un Sito del Genere si discosta molto dal Classico E-Commerce o Sito di Vendita; dà più l'idea di un qualcosa di Personale e questo coinvolge maggiormente l'Utente, che probabilmente stava cercando su Internet delle Informazioni, suggerimenti, non precisamente qualcosa da acquistare. Ma come strutturare un Sito del genere?

Una breve Introduzione è doverosa, in questo modo puoi spiegare in poche Parole chi sei e perché hai deciso di creare il tuo Sito. Dopodiché indicherai i Prodotti che hai testato personalmente o quelli che conosci meglio, in modo che i Lettori possano acquistarli.

Ovviamente farai attenzione a inserire i tuoi Link di Affiliazione in TUTTI i due/tre Prodotti che Recensirai.

Questo tipo di MiniSito è particolarmente indicato per AdWords e i Programmi di Affiliazione, ti incoraggio perciò a crearne uno. Molti venditori su Internet pensano più ad attirare un gran numero di Click o Visite al proprio sito, piuttosto che a focalizzarsi sulla **realizzazione di pagine rilevanti per le**

ricerche. Una Landing Page creata con questa Tecnica di Recensione ha un contenuto che è molto più rilevante per la ricerca **e avrà la capacità di metterti in contatto con i tuoi visitatori da un punto di vista emotivo**.

In questo caso il Visitatore non si troverà di fronte alla Pagina del Commerciante, che, per quanto possa convertire bene, farà sempre percepire a chi si trova davanti un tentativo di Vendita. Qui invece, il Lettore si troverà di fronte a un MiniSito creato da una Persona come lui, che aveva lo stesso problema, che cercava le stesse Informazioni e che ha risolto con dei determinati Prodotti. Questo fa scattare un ragionamento quasi automatico nella mente di chi legge:

«Se questi Prodotti hanno funzionato per lui, che come me non sapeva usare AdWords, sicuramente sono interessanti anche per il mio caso. Vediamo almeno di che si tratta...».

In maniera semplice e veloce hai realizzato una Visita davvero **INTERESSATA** ai tuoi Prodotti in Affiliazione. Con Bruno Editore puoi persino linkare direttamente il Carrello di Acquisto, in modo tale che la persona possa acquistare direttamente dal tuo Sito, senza passare per la Pagina di Vendita.

Ti piace questo tipo innovativo di MiniSito per le Affiliazioni? Se ne vuoi uno simile al mio, posso realizzarlo io stesso per te, seguendo le tue Indicazioni e promovendo i Prodotti che tu mi dirai di vendere per te. Puoi fare questo attraverso l'apposito Servizio di "Creazione MiniSiti".

SEGRETO n. 42: Crea un MiniSito con dei Contenuti scritti da te in forma Personale, con delle Recensioni di due o tre Prodotti della stessa Categoria o Argomento. Questo aumenterà molto le tue Conversioni per i Prodotti in Affiliazione.

Se ci fai caso, quasi nessuno utilizza questa Tecnica. Gli Inserzionisti si limitano a pubblicare un Annuncio con Link indirizzati direttamente alla Pagina di Vendita del Prodotto o, peggio ancora, alla **Home Page del Commerciante, dove non viene venduto NULLA**. Questo è nocivo ed è una delle principali cause di Insuccesso per la maggioranza dei Marketer che utilizzano Google AdWords. Se non crei delle Landing Page con dei Contenuti Rilevanti rispetto ai tuoi Annunci, perderai potenziali clienti e limiterai i tuoi profitti! Ora ti indicherò alcune tecniche che ho applicato con successo alle mie campagne. Queste tecniche aumenteranno, in generale, il tuo guadagno e le tue Vendite.

Contenuto mirato

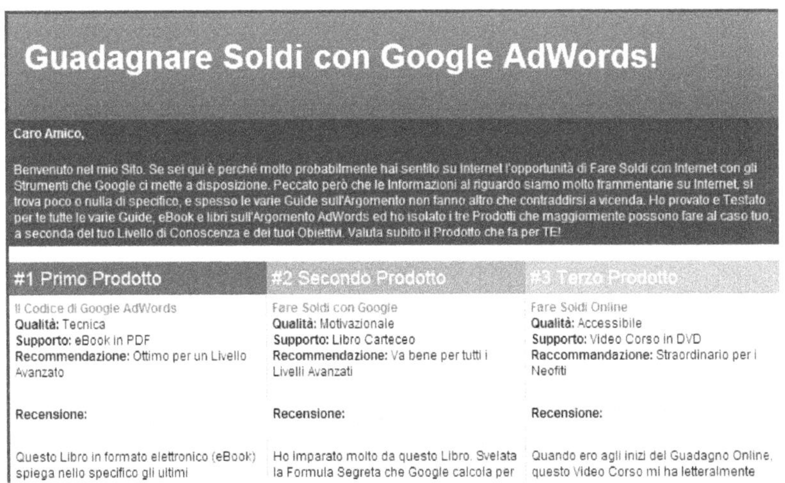

Annunci rilevanti possono aiutarti ad ottenere click al tuo sito, ma **avere contenuti rilevanti sul tuo sito li trasformerà in vendite**. Nonostante molti venditori su Internet riescano ad ottenere con successo un buon CTR, non significa che il loro sito sia automaticamente efficace per le vendite.

Quando cerchi qualcosa usando Google, speri di ottenere i migliori risultati dalla tua ricerca, non è così?

Per esempio, se stai usando la parola chiave "eBook Fare Soldi" e la tua pagina di arrivo parla di come diventare un esperto di PNL con un Videocorso, non puoi Convertire allo stesso modo di come convertiresti se invece tu creassi un Sito Internet mettendo a confronto i due migliori eBook o Libri sulla vendita in Internet e sul Guadagno Online. Molte persone pubblicizzano solo parole chiave che non sono rilevanti al 100% per il proprio sito; questi inserzionisti stanno buttando via i loro soldi e il loro tempo.

Testimonianze Personali

Caro Amico,

Benvenuto nel mio Sito. Se sei qui è perché molto probabilmente hai sentito su Internet l'opportunità di Fare Soldi con Internet con gli Strumenti che Google ci mette a disposizione. Peccato però che le Informazioni al riguardo siamo molto frammentarie su Internet, si trova poco o nulla di specifico, e spesso le varie Guide sull'Argomento non fanno altro che contraddirsi a vicenda. Ho provato e Testato per te tutte le varie Guide, eBook e libri sull'Argomento AdWords ed ho isolato i tre Prodotti che maggiormente possono fare al caso tuo, a seconda del tuo Livello di Conoscenza e dei tuoi Obiettivi. Valuta subito il Prodotto che fa per TE!

Come forse avrai notato, molti Siti Internet di Vendita contengono delle Testimonianze, Commenti o Feedback dei Clienti Soddisfatti. Sicuramente il Sito che ha avuto maggior successo da questo tipo di Operazione è eBay, grazie al suo Sistema di punteggio basato sui Feedback, non è così?

Perché questo funziona? Ovviamente perché crea una certa Fiducia attorno al Prodotto e al suo Venditore. Ebbene, se i feedback e le Testimonianze esterne funzionano efficacemente, **le Testimonianze personali funzionano ancora meglio**.

Creando un MiniSito come quello che ti ho descritto prima, strutturato con uno Stile Personale, sarai in grado di metterti in contatto quasi mentale con i Visitatori e questo li aiuterà a sentirsi più a loro agio quando fanno un acquisto.

Ho ottenuto personalmente incrementi superiori al 65% per alcuni dei miei siti, solo aggiungendo alcune Testimonianze Personali o creando un MiniSito come quello di prima.

Titolo della pagina

Guadagnare Soldi con Google AdWords!

Catturare l'interesse del visitatore con le prime righe della tua pagina è di fondamentale importanza. Se qualcuno cerca su Internet la frase "*Google AdWords*", perché non creare un titolo sulla tua pagina del tipo *Come utilizzare Google AdWords*? La scelta che ho adottato per il mio MiniSito è, in proposito, un Esempio Classico. Questa rilevanza Immediata catturerà l'attenzione dell'utente e gli darà un motivo per rimanere a leggere e visitare il tuo Sito Internet.

Immagini correlate

Di solito chi naviga in Internet è anche un grande osservatore. Fornire immagini relative al Prodotto o all'Argomento principale del Sito è una Tecnica Testata che aumenterà le tue Vendite. Se hai impostato una Landing Page con Recensioni di Prodotti, puoi ottenere migliori risultati aggiungendo le immagini o le Cover di quei prodotti che stai pubblicizzando.

Confrontare i prodotti

#1 Primo Prodotto	#2 Secondo Prodotto	#3 Terzo Prodotto
Il Codice di Google AdWords	Fare Soldi con Google	Fare Soldi Online

Un'altra tecnica molto efficace, lo ripeto, è quella di creare confronti tra alcuni Prodotti. Gli Utenti amano confrontare con altri un prodotto prima di acquistarlo, dato che questo dà loro l'idea di **SCEGLIERE** quello giusto e non di essere stati semplicemente convinti ad acquistare.

Se ci pensi, è così da sempre per tutti, anche per te. Quando vai in Gioielleria per comprare un Orologio, cosa fai? Acquisti il primo che ti viene proposto, solo perché ti serve un Orologio nuovo, o piuttosto ne vedi diversi, aspetti il Commento e il Parere del

Gioielliere, quello che per lui si intona meglio al tuo Braccio, salvo poi provarne al Polso **TUTTI** e decidere?

Magari, come capita spesso, alla fine acquisti quello che a prima vista ti aveva colpito di più, non è vero? La Mente si è ormai focalizzata su quello ed è molto difficile che tu possa cambiare idea; tuttavia vuoi ugualmente provarne più di uno, per essere sicuro, per **giustificare RAZIONALMENTE il tuo acquisto**, che non vuole solo essere una necessità, ma anche qualcosa di **PIACEVOLE**. E di sicuro **scegliere è molto più piacevole che acquistare direttamente**.

Lo stesso identico ragionamento vale per il tuo MiniSito di Vendita. Se aggiungi una tabella di confronto nel tuo sito, vedrai aumentare le tue Vendite e il tuo conseguente Guadagno. Quando confronti i prodotti, è anche molto utile creare una **classifica di quelli che, secondo il tuo punto di vista, sono i migliori**; questo se, ovviamente, lo ritieni opportuno.

Tieni presente che di solito il prodotto che sulla tua pagina è posizionato al 1° posto riceverà il 100% di visite in più rispetto al

2° classificato e così via (se ne hai altri). Il vantaggio principale per i potenziali clienti è che non devono fare loro i confronti, perché lo fai tu per loro e, in molti casi, questo aiuterà un utente a scegliere il Prodotto.

Te lo posso dire per esperienza personale. Sono stato un Commerciate e di solito, quando vedevo un Cliente indeciso, "spingevo" io per lui il Prodotto che volevo vendere, magari facendo anche qualche Commento sugli altri, ma proponendo maggiormente quello che era il mio preferito.

Nel 90% dei Casi il Cliente acquista quello che TU gli proponi, come avveniva del resto nel mio Lavoro.

Il potere delle Analisi

Qualità: Tecnica **Supporto:** eBook in PDF **Recommendazione:** Ottimo per un Livello Avanzato	**Qualità:** Motivazionale **Supporto:** Libro Carteceo **Recommendazione:** Va bene per tutti i Livelli Avanzati

Fare le analisi significa mettere a Confronto una Serie di Caratteristiche principali dei Prodotti e Servizi che hai in mente di Recensire nel tuo Sito. Queste analisi dei prodotti possono basarsi su diversi fattori, come la Qualità, la garanzia, l'assistenza clienti, il tuo Consiglio Personale, il prezzo, la descrizione e molti altri attributi specifici che tu vuoi assegnare al prodotto.

Le analisi sono tra gli strumenti di vendita più efficaci per pubblicizzare prodotti basati sull'affiliazione. Quando un visitatore riceve informazioni sui prodotti migliori in relazione alla sua ricerca, **immediatamente**, ancora prima di leggere le varie Recensioni, ottiene un Colpo d'Occhio sul Prodotto che può fare al SUO Caso e questo gli dà una certa sicurezza nell'acquisto.

Come hai visto ci sono moltissime Tecniche da poter sfruttare per Creare un Perfetto MiniSito di Recensione. Un Sito del genere, però, per essere efficace, oltre ad avere queste Caratteristiche, deve soddisfare certi **criteri**, visto che ci sono tantissime variabili, tante piccole cose che, se fatte in maniera errata, possono compromettere il tuo lavoro e le tue Vendite. Ecco cosa devi fare:

(1) Analizza nel tuo Sito Prodotti Simili. Tutti i prodotti che sono contenuti nel tuo Sito devono essere strettamente collegati. Questo permette al potenziale cliente di vedere diversi prodotti cui è interessato e, basandosi sulle tue Recensioni, prendere una decisione d'acquisto "giusta" per lui.

(2) Le Recensioni devono essere brevi. Una buona Recensione non dovrebbe superare le 150 parole e non deve occupare l'intero spazio della pagina. Se includi una descrizione del prodotto, deve essere una breve panoramica delle sue caratteristiche principali. **Non copiare la pagina di vendita del prodotto** per incollarla nella tua pagina, altrimenti il visitatore finirà per capire che vuoi solo realizzare una Vendita.

(3) Crea molti Link in uscita. Dato che una pagina di Recensione è essenzialmente una pagina di prevendita del prodotto, devi permettere al visitatore di poter uscire facilmente dalla tua pagina e di accedere alla pagina del Prodotto. Ovviamente tieni presente che, nel caso stessi promovendo i Prodotti di Bruno Editore, potrai Vendere DIRETTAMENTE dalla tua pagina, Linkando il Carrello del Prodotto unito al tuo Codice di Affiliazione.

(4) Scrivi Recensioni di qualità. Se ci sono delle inconsistenze nell'informazione o nella descrizione del prodotto, un visitatore potrebbe lasciare la tua pagina in cerca di altri contenuti che siano di qualità. Utilizza la tua esperienza, dai uno sguardo alle Recensioni di altri siti, alle informazioni del sito del Prodotto e a quelle che circolano su Internet. **Non copiare direttamente da altri siti se non è consentito farlo**.

(5) Controlla la correttezza delle tue pagine. Sei mai stato su un sito e hai notato errori di grammatica che ne diminuiscono la qualità? Sono sicuro di sì. Spesso un errore ortografico, peggio ancora se grammaticale, farà sembrare il tuo sito poco serio. Questo abbasserà le tue probabilità di Vendita, perché i visitatori non si sentiranno sicuri delle informazioni che hai fornito. Usa un Controllo Ortografico per correggere il tuo Testo e la tua grammatica prima di pubblicare le tue pagine web.

(6) Indica SEMPRE una ragione per comprare. In che modo questo prodotto avrà un impatto positivo sui clienti? Anzi, meglio, che cosa si perderanno non acquistando il Prodotto? Se nelle tue pagine non dai al visitatore una ragione per comprare, probabilmente non lo farà. Non puoi pretendere che ogni visitatore del tuo sito sia predisposto a priori ad acquistare qualcosa, quindi devi dargli una ragione.

Un altro aspetto importante riguarda il numero di Prodotti che stai promovendo nel tuo MiniSito.

Avere una pagina che analizza 10-20 prodotti è controproducente e non vedrai risultati. Questo perché darai ai visitatori troppa scelta e lascerai nella loro Testa solo tanta confusione. Se attualmente stai pubblicizzando prodotti con una pagina di Recensioni e stai guadagnando, pur usando 10-20 prodotti, sappi che puoi fare molto di più!

Mantieniti dalle 3 alle 7 Recensioni, né di più né di meno. Questo darà ai visitatori informazioni sufficienti per fare un acquisto.

Limita quindi il numero di prodotti nel tuo Sito a soli 3-7, corredandoli con altrettante Recensioni.

RIEPILOGO DEL GIORNO 7:

- SEGRETO n. 39: Il nuovo Algoritmo di Google (SLAP) identifica la Qualità delle tue Landing Page.
- SEGRETO n. 40: Usa la Strategie del Link Diretto solo se stai usando il Programma di Affiliazione di Bruno Editore con i suoi Sotto-Domini, altrimenti rischi di non vedere Pubblicato il tuo Annuncio.
- SEGRETO n. 41: Usa la Strategia del Link Diretto con i NUOVI eBook di Bruno Editore, in modo da testare i tuoi Risultati e in seguito aumentare i Guadagni con una tua Landing Page.
- SEGRETO n. 42: Crea un MiniSito con dei Contenuti scritti da te in forma Personale, con delle Recensioni di due o tre Prodotti della stessa Categoria o Argomento. Questo aumenterà molto le tue Conversioni per i Prodotti in Affiliazione.

CONCLUSIONE

Sei ora giunto alla conclusione di questo Libro dedicato a Google AdWords, lo strumento più importante che oggi Internet ci fornisce per Guadagnare Online. Che domanda possiamo fare per riassumere un po' tutto quello che è stato detto e che hai imparato?

In che modo è possibile ottenere successo e in che modo possiamo battere la concorrenza? Questo eBook, come hai visto, fa parte di un'Intera Collana, IL CODICE, dedicata allo Sviluppo degli Strumenti e delle Strategie necessari per avere Successo Economico su Internet. In fondo, però, quando ho iniziato a sviluppare questo Business, partendo, tra le altre cose, proprio con AdWords, non avevo di certo un conto PayPal pieno di soldi e dei budget illimitati per poter fare pubblicità, non avevo nemmeno una guida che potesse mostrarmi come fare soldi online. Qual è, quindi, il Segreto per avere tutto questo successo nel business da Casa con Internet?

Per me è stato molto facile capirlo e sono dell'Opinione che sia un aspetto che accomuna tutti quelli che sono riusciti in questo Campo: **Avere degli Obiettivi**. Poniti degli obiettivi ogni singolo giorno della tua Vita, senza tenere troppo conto della tua situazione o della tua conoscenza su Internet.

Se c'è da fare una vendita, una nuova pagina web, creare un nuovo Gruppo di annunci o semplicemente fare alcune ricerche, imposta degli obiettivi per ogni passo del tuo percorso e continua in questa direzione, ponendoti sempre nuovi obiettivi. Appena perdi di vista i tuoi obiettivi, i tuoi affari (così come gli altri aspetti della Vita) diventano vulnerabili e non riuscirai a raggiungere il successo.

Che il tuo budget sia di 1 € o di 1000 € al giorno, attraverso questo eBook ti sei posto come Obiettivo quello di IMPARARE ad usare AdWords o migliorare i tuoi Risultati, secondo le tue esigenze. Oggi davvero TUTTI hanno le stesse opportunità di raggiungere l'Obiettivo di iniziare un Business da Casa. Non lo dico come frase fatta, del tipo «*Se ci sono riuscito io, ci riuscite anche voi*». Al contrario, il tuo Successo dipende soltanto da TE!

Ma la differenza è che proprio perché io ci sono riuscito e ti ho trasmesso COME fare attraverso le mie Tecniche e i miei Segreti, ora hai non solo la Motivazione o l'Obiettivo, ma anche le **abilità** per utilizzare AdWords. Ci sono nel Mondo circa 100.000 persone che si guadagnano da vivere online e tu potresti essere uno di loro, perché no, anche grazie a questo eBook.

Sia che tu ti stia appena affacciando al Mondo del Business Online o che tu abbia già iniziato con qualche Risultato o magari sia un esperto venditore, c'è sempre l'opportunità, per ulteriori successi, di stabilire nuovi Obiettivi da Raggiungere. Altrimenti si perdono l'entusiasmo e la voglia di fare, che poi sono gli ingredienti del Successo, nel lavoro come nella Vita.

Il successo è come una strada con molto vento, ma quelle persone che resistono durante i tempi duri, specialmente quelli iniziali, e imparano dai loro errori, saranno coloro che raggiungeranno alla fine i loro obiettivi. Fallo per te stesso. Usa gli strumenti e le tecniche che ti ho spiegato in questo eBook e molto probabilmente inizierai a vedere i tuoi primi Guadagni Online. Lo abbiamo detto all'inizio: sia che tu stabilisca di guadagnare 10 €

al giorno o 10.000 € in un Mese, **rimani concentrato e non perdere mai di vista il tuo obiettivo**.

Voglio chiarire anche un'altra cosa: per avere successo online devi essere pronto all'eventualità di fare errori, devi essere pronto ad accettarli. Quando commetti un errore, assicurati di imparare da esso per non ripeterlo.

Se vuoi fare soldi online devi essere pronto a stare in questo Business a lungo e quindi devi iniziare a ragionare a Lungo Termine, con le dovute conseguenze. Se hai già provato la vendita su Internet e non hai avuto successo, non rinunciare! Le tecniche che ti ho insegnato sono le stesse che io uso per Guadagnare con Google AdWords e vendere i miei Prodotti, far conoscere i miei Siti e generare Click sulle mie Affiliazioni.

Ma soprattutto ti ho svelato tutto quello che ho fatto e che faccio per decodificare il Codice Segreto del Successo con Google AdWords e come battere la concorrenza. Mi rendo conto che questo Libro può risultare molto Tecnico, me ne scuso, ma ci sono davvero tante cose da sapere e imparare. Proprio per questo ti suggerisco di leggere *Il Codice di AdWords* un'altra volta, per assimilarne alla perfezione il contenuto.

Queste tecniche possono fare la tua Fortuna per la Vendita Online e ora che le conosci non c'è nulla che ti possa trattenere. Usa *Il Codice di AdWords* come una Guida, come se fossi io stesso in persona a darti i miei Suggerimenti e metti in pratica le tecniche nelle tue campagne con AdWords. Ora che hai scoperto il Codice Segreto di AdWords, puoi finalmente iniziare a Guadagnare Online con la Pubblicità a Basso Costo di Internet.

Non era questo il tuo Obiettivo?

Buon lavoro!

Daniele D'Ausilio

AZIONE:

- ✓ Apri il tuo Account con Google AdWords.
- ✓ Utilizza AdWords per il Programma di Affiliazione di Bruno Editore.
- ✓ Imposta le tue Campagne in modo che siano Rilevanti per le Parole Chiave che acquisti.
- ✓ Scrivi degli Annunci che attirino l'Attenzione dei Clienti.
- ✓ Utilizza le DUE Formule di Google per migliorare il tuo Punteggio di Qualità e Conversione in Vendite.
- ✓ Osserva la tua Concorrenza e Punta sui tuoi Prodotti.
- ✓ Evita Google SLAP creando una Landing Page con Contenuti Rilevanti e di Qualità.

I 42 SEGRETI DEL CODICE DI ADWORDS

- SEGRETO n. 1: L'Affiliazione è il Metodo più attuabile per iniziare a Guadagnare un Reddito con Internet.
- SEGRETO n. 2: Il Marketing di Affiliazione consiste nel Pubblicizzare il Sito del Merchant allo scopo di vendere i suoi Prodotti, quindi tutto si basa sulla Pubblicità.
- SEGRETO n. 3: Nell'Internet Marketing la figura più importante è proprio quella dell'Affiliato, in quanto spesso ne determina il Successo di un Prodotto e di un Venditore.
- SEGRETO n. 4: In quanto affiliato, il tuo ruolo è quello di mandare le persone al sito del Venditore, dove otterrai delle provvigioni su ogni vendita che gli consentirai di concludere.
- SEGRETO n. 5: Google AdWords è il più potente Network per la pubblicità su Internet. Impara ad usarlo in modo appropriato e otterrai un grande successo.
- SEGRETO n. 6: Scegli direttamente la Versione Standard durante la fase di Registrazione.

- SEGRETO n. 7: Impostare il tuo account su Google AdWords potrebbe confonderti se non sei pratico e non sai cosa promuovere, ma se segui in modo preciso i passi per la Registrazione qui esposti, sei sulla buona Strada per Guadagnare Online!
- SEGRETO n. 8: Per iniziare un serio Business su AdWords è necessario un buon Programma di Affiliazione che ti permetta di promuovere InfoProdotti!
- SEGRETO n. 9: Bruno Editore è il miglior Network di Affiliazione per la vendita eBook.
- SEGRETO n. 10: Punta su quelle Categorie di prodotti che ti garantiscono la giusta via di mezzo tra Prezzi adatti e alte Conversioni in Vendite.
- SEGRETO n. 11: Controllando il Ranking di un Sito, sarai facilitato nel lavorare per quei Produttori che ricevono più visite, che quindi lavorano meglio e hanno una credibilità maggiore.
- SEGRETO n. 12: Usa le Parole Chiave "Comprare/Compro" e "Acquisto/Acquistare" prima del Nome esatto del Prodotto

e vedrai che le tue Conversioni in Vendite aumenteranno notevolmente.

- SEGRETO n. 13: Nei tuoi Gruppi di Annunci includi anche il nome esatto del Prodotto che stai pubblicizzando, le Parole Chiave errate e quelle al plurale.
- SEGRETO n. 14: Dopo aver acquisito la giusta esperienza con le Affiliazioni, fai dei Test per capire quale tipo di Prodotto puoi creare e vendere con AdWords.
- SEGRETO n. 15: Quando crei una campagna è importante darle un Titolo appropriato. Usa un nome che si riferisca al prodotto che stai pubblicizzando. A volte è un buon metodo quello di nominare la campagna con lo stesso URL del sito che stai pubblicizzando.
- SEGRETO n. 16: Disattiva la Rete dei Contenuti per la tua Campagna e imposta dei limiti di Budget elevati, in modo da Guadagnare con AdWords quanto più è possibile.
- SEGRETO n. 17: Crea più Gruppi di Annunci senza superare per ciascuno di essi 25 Frasi Chiave e raggruppale usando le parole che sono comuni. Usa queste parole comuni nel tuo

titolo e nella descrizione per avere un miglior Punteggio di Qualità.

- SEGRETO n. 18: L'Abilità di Copywriting e la Tecnica di PNL associata al Pay-per-Click sono fondamentali per scrivere Annunci efficaci che abbiano successo su AdWords.
- SEGRETO n. 19: La Strategia più importante per scrivere Annunci di Successo è la Rilevanza per le Parole Chiave Comuni.
- SEGRETO n. 20: Inserisci nel Testo del tuo Annuncio delle Frasi che richiamano all'azione, in modo da stimolare la visita e preparare il Lettore all'acquisto.
- SEGRETO n. 21: Stupisci i navigatori con degli Annunci che abbiano un grande Impatto, un effetto a Sorpresa tale da invogliarli a cliccare sul Sito.
- SEGRETO n. 22: Usa la Tecnica del Prezzo esposto nell'Annuncio, creando delle apposite Campagne che abbiano come Parola Chiave il Prodotto che vendi o i verbi relativi all'acquisto.

- SEGRETO n. 23: Il Punteggio di Qualità è quell'insieme di Fattori che permette a Google di classificare gli Annunci e di determinare la posizione dei Risultati sponsorizzati.
- SEGRETO n. 24: Il Punteggio di Qualità è composto dal CTR + RKA + HKP + CLP + ORF.
- SEGRETO n. 25: Il CTR consiste nella Percentuale di Click ricevuti dal tuo Annuncio rispetto alle visualizzazioni Totali. Se il tuo Annuncio è cliccato 5 volte su 100, il CTR sarà del 5%.
- SEGRETO n. 26: L'RKA è la Rilevanza del tuo Annuncio rispetto alle Parole Chiave che stai usando. Per avere maggiore rilevanza cerca di includere nel testo le Parole Chiave stesse.
- SEGRETO n. 27: Il Valore HKP indica le performance passate del tuo Account e quanto successo hai avuto per determinate parole Chiave. Questo ti è molto utile per far scendere il tuo CPC.
- SEGRETO n. 28: Il CLP, ossia il Contenuto della tua Landing Page, è estremamente importante per il Punteggio di

Qualità, per cui assicurati che sia Rilevante rispetto alle Parole Chiave più importanti.

- SEGRETO n. 29: Crea un Gruppo di Annunci Targhettizzato, con un Massimo di 25 parole chiave per ogni Annuncio, in modo da poter scrivere ogni Testo in maniera Mirata e Rilevante per le Ricerche.
- SEGRETO n. 30: Usa lo Strumento per la Stima di Traffico di Google per impostare le tue Offerte iniziali, con l'Obiettivo di far apparire subito il tuo Annuncio nelle prime Posizioni.
- SEGRETO n. 31: Usa la Strategia delle Commissioni: calcola i Guadagni netti ad ogni Vendita del tuo Prodotto per valutare l'andamento delle tue Campagne AdWords.
- SEGRETO n. 32: La Formula della Conversione Perfetta ti aiuta a determinare il giusto Investimento da effettuare per ogni singola Campagna Pubblicitaria su AdWords.
- SEGRETO n. 33: Lo Storico del tuo Account e il tuo Punteggio di Qualità determinano anche le Offerte minime che puoi impostare per ogni Parola Chiave.

- SEGRETO n. 34: Imposta un Budget Giornaliero 5 o 10 Volte più alto di quanto effettivamente vuoi spendere.
- SEGRETO n. 35: Fai Split Test con i tuoi Annunci provando almeno due Testi differenti esposti in ugual misura, per poi modificare quello con minori risultati e ottimizzare la tua Campagna.
- SEGRETO n. 36: Usa la Tecnica delle Parole Chiave Dinamiche, ma solo per fare dei Test, per poi privilegiare i Gruppi di Annunci maggiormente specifici.
- SEGRETO n. 37: Usa le 3 Corrispondenze per tutte le tue Parole Chiave, in modo da aumentare le possibilità di essere trovato e il tuo CTR.
- SEGRETO n. 38: Ricorda sempre di disattivare la Rete di Contenuti, a meno che tu non abbia le esatte Percentuali di Conversione delle tue Parole Chiave o sia già esperto nello scrivere Annunci che attirano l'Attenzione.
- SEGRETO n. 39: Il nuovo Algoritmo di Google (SLAP) identifica la Qualità delle tue Landing Page.
- SEGRETO n. 40: Usa la Strategia del Link Diretto solo se stai usando il Programma di Affiliazione di Bruno Editore

con i suoi Sotto-Domini, altrimenti rischi di non vedere Pubblicato il tuo Annuncio.

- SEGRETO n. 41: Usa la Strategia del Link Diretto con i NUOVI eBook di Bruno Editore, in modo da testare i tuoi Risultati e in seguito aumentare i Guadagni con una tua Landing Page.
- SEGRETO n. 42: Crea un MiniSito con dei Contenuti scritti da te in forma Personale, con delle Recensioni di due o tre Prodotti della stessa Categoria o Argomento. Questo aumenterà molto le tue Conversioni per i Prodotti in Affiliazione.

www.ingramcontent.com/pod-product-compliance
Ingram Content Group UK Ltd.
Pitfield, Milton Keynes, MK11 3LW, UK
UKHW022026190726
13853UKWH00005B/2134

9 788861 740631